KB059794

검색, 사전을 삼키다

검색, 사전을 삼키다

정철 지음

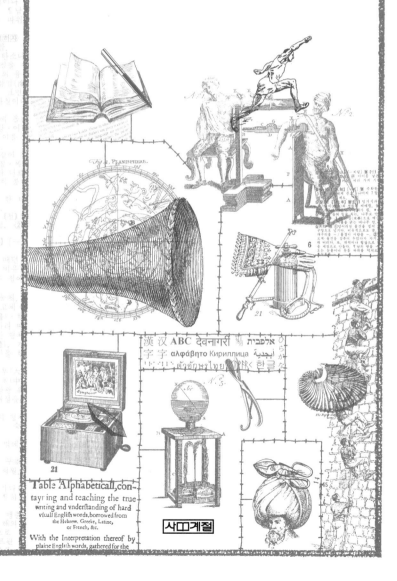

사계절

추천의 글 1

하나의 서비스를 10년 이상 하면 그 분야에 철학이 생기는 모양이다. 인터넷 회사에서 사전 기획자로 오래 일해온 정철은 사전이 오랜 세월 인류에게 주었던 가치와 그것을 이어받은 검색이 우리의 일상에서 새롭게 만들어내고 있는 가치를 한 권의 책에 잘 담아냈다.

이 책을 읽으면서 오늘날 정보의 유통에서 가장 중요한 도구인 검색에 대해 좀 더 근본적으로 이해할 수 있었고, 그 근간이 되었던 사전의 중요성을 되새기며 앞으로 검색이 어떻게 발전해야 할지를 고민해볼 수 있었다.

김병학
카카오 검색팀장

부끄러운 고백을 먼저 해야겠다. 내가 정철을 처음 본 것은 10여 년 전 국립국어원에서 열린 사전학회 세미나에서였다. 네이버에 근무하는 한 청년이 자기가 생각하는 사전의 미시 구조에 대해 발제를 하고 있었는데, 오랫동안 『브리태니커 백과사전』을 편집해 온 나로서는 납득하기 어려운 내용이었다. 그의 엉뚱한 발상은 학계의 정설과도 맞지 않아서 속으로 흉을 좀 보았다.

시간이 흘렀다. 그사이에 검색이 사전을 삼켰다. 그러자 새삼스럽게 '사전은 도대체 무엇인가?'라는 데 생각이 미쳤다. 그 질문에 대한 기나긴 탐구 끝에 오래전 정철의 제안에 놀라운 통찰이 들어 있었다는 것을 깨달았다. '겸손한' 나는 곧바로 깊은 반성을 하고, 더덕 막걸리와 커피와 음악을 마시며 정철과 친구가 되었다.

『검색, 사전을 삼키다』는 사전을 검색에 담는 고된 노동을 통해 축적된, 그리고 더덕 막걸리와 커피와 음악을 통해 걸러진 사전에 대한 그의 깊은 애정과 통찰이 담겨 있는 책이다. 또한 자기 일에 애정을 갖고 임하는 이의 소박하지만 가치 있는 기록이기도 하다. 한 권의 책에 지식에 대하여, 사전의 본질과 역사에 대하여, 첨단 검색의 원리와 미래에 대하여, 그리고 그 모든 것의 허허실실에 대하여 이만큼 담기는 쉽지 않다.

또 하나, 고백하건대 다시 보아도 이 책의 제목은 옳다. 부지불식간에 나 자신도 사전과 함께 검색이라는 고래에게 삼켜지고 말았다는 것도 인정한다. 하지만 고래도 환경이 나빠지면 제 수명을 다하지 못한다. 언젠가는 포경선의 작살에 맞은 채 육지로 끌려 올라와 해체될지도 모른다. 그러니 이제 사전을 삼킨 고래에 대해 원망 따위는 하지 않겠다. 그저 고래라도 자유롭게 너른 바다를 오가며 오래 살기를 바랄 뿐이다.

장경식
한국백과사전연구소 대표, 전 한국브리태니커회사 대표

차례

나는 왜 쓰는가

나는 1999년부터 인터넷 관련 일을 시작했고, 2002년에 웹사전으로 방향을 튼 뒤 14년 정도 네이버Naver와 다음Daum 같은 검색 회사에서 웹사전을 만들었다. 다시 말해서 나는 출판사가 아니라 검색 회사에서 사전을 만드는 디지털 시대의 사전 편찬자다. 내가 사전을 만들어온 시간은 공교롭게도 종이사전이 시한부 판정을 받은 이후 CD롬 → 전자사전 → 웹사전 → 앱사전으로 사전의 형태가 계속 변해가는 시기이기도 했다. 그 변화의 한가운데서 일하며 느낀 것들을 공유하고 싶어 이 글을 쓰기 시작했다.

사전이 좋았던 것은 새로운 것들이 무수히 나타났다 사라져가는 인터넷 세상에서 거의 유일하게 불멸에 가까운 지식이었기 때문이다. 인간과 2000년 이상 함께해온 지식의 형태가 고작 인터넷이라는 매체의 등장으로 사라지리라는 생각은 들지 않았다. 그렇다고는 해도 사전의 형태가 변해가는 과정이 너무나 극적이어서 기대보다는 우려가 더 큰 게 사실이다. 한국 사전의 역사에서 앞으로도 사전이 계속 갱신될 수 있을지를 걱정해야 했던 시기는 없었다.

정보 폭발의 시대에 정보의 집약체인 사전은 개정판 출간을 걱정해야 하는 신세라니. 나는 이 모순적인 상황을 이해해야 했다. 그러다 보니 과연 사전의 본질이 무엇일까에 대해 역사적으로 접근해보고 싶다는 마음이 생겼다. 아직도 답은 잘 모르겠지만, 이 글을 쓰는 동안 사전의 기원부터 검색 기술의 발전에 이르기까지의 오랜 역사를 훑어보며 이런저런 고민을 해보는 건 무척이나 즐거운 일이었다.

조지 오웰George Orwell은 『나는 왜 쓰는가』(1946)라는 글에서 자신이 글을 쓰는 네 가지 이유를 적었다. 첫째, 순전한 이기심(허영심). 둘째, 미학적 열정(쾌감). 셋째, 역사적 충동(기록). 넷째, 정치적 목적(사회 변화 추구). 그는 첫째, 둘째, 셋째 목적이 좀 더 자기 취향에 맞지만 양차 대전을 겪은 시대에 살았기 때문에 부득이하게 넷째 목적이 가장 컸다고 했다. 내가 글을 쓰는 목적도 오웰과 별로 다르지 않다. 이 글을 읽은 당신이 사전에 대해 다시 한 번 생각해보고, 지금 사전이 어떻게 죽어가고 있는지를 알게 되어 결국엔 사전이 한 걸음 더 나아가는 일에 힘을 보태게 된다면 좋겠다. 아니 힘을 보탠다는 말은 너무 무거우니 그저 사전을 한 번만 더 찾아보면 좋겠다. 보다가 마음에 안 드는 부분이 있으면 출판사에 전화를 걸든 앱 스토어에 리뷰를 쓰든 가감

없이 불만을 쏟아내면 좋겠다.

사전은 지금처럼 홀대받을 만한 책이 아니다. 당신이 매일같이 쓰고 있는 검색엔진이 사실은 사전이다. 이 말이 무슨 뜻인지는 이 책을 읽으며 알게 될 것이다. 검색이 좋아지기 위해서라도 좋은 사전을 만들어야 한다. 이 얘기를 나는 지난 10년간 줄곧 해왔다. 그리고 이젠 글로 써야겠다고 생각했다.

1장

한 사전 편찬자의
자기 소개서

모아서 정리하니 "보기에 좋았다"

본론에 들어가기 전에 잠시 내 어린 시절 애기를 해보려 한다. 사적 경험이지만 공적으로 읽을 만한 지점들이 있다고 생각하기 때문이다.

초등학교 때 방학 숙제로 탐구발표라는 게 있었다. 주제를 하나 정해서 열심히 조사한 다음 수업시간에 공유하고 보고서를 작성하는, 초등학생에게는 꽤나 버거운 내용이었다. 그때 내가 택한 주제는 '국보 1호부터 50호까지 정리하기'였다. 번호가 있으니 순서대로 찾기만 하면 되었고, 조사 범위도 한정적이라 할 만하다고 생각했다. 어쩌면 번호에 따라 순서대로 정리하는 일 자체에 끌렸는지도 모르겠다. 당시 국보랑 친해둔 덕에 경천사십층석탑이나 고달사지부도 따위의 이름을 지금도 잘 기억하고 있고, 이후 조선시대 역사에도 친근감을 느끼게 되었다. 언젠가 문화재청과 함께 일할 기회가 있었는데, 그때도 어릴 적에 얻은 정보를 주워섬기며 관계를 터나간 기억이 있다.

그 외에도 내가 좋아했던 건 모두 뭔가를 모으는 일이었다. 메모지를 모았고, 지우개를 모았고, 딱지와 게임용 카드를 모았다. 지우개 따먹기나 딱지치기를 해서 따기도 하고, 친구들과 교환도 해가며 차곡차곡 모았다. 무엇인가를 일정 수량 이상 모으다 보니 정리가 필요했다. 정리하지 않으면 감당이 안 되었지만, 정리하면 아름다움마저 느껴졌다. 정리하는 기준은 내 마음대로였다. 모양, 색깔, 디자인, 크기…… 그때그때 마음에 드는 기준을 따랐다. 그렇게 정리해서 상자에 담아두면 "보기에 좋았다".

조선의 민속 공예품을 모았던 일본의 미술사학자 야나기 무네요시柳宗悅는 자신의 관점을 수립하고 그 관점에 따라 소장품을 모았으며, 그것을 '창작적 수집'이라 불렀다. 수준이야 비교할 바가 아니겠지만 수집을 통해 미감을 만들어나간다는 점에서 야나기 무네요시와 초등학생 시절 나의 행위에는 별 차이가 없다.

이런 수집 과정에서 배우는 게 있었다. 예를 들어 게임용 카드는 대부분 규칙이 비슷했다. 나중에 알고 보니 모두 고스톱 규칙이었다. 디자인만 아이들의 눈높이에 맞춰 다르게 구성한 것이었다. 금메달을 다섯 개 받으면 오광이 된다거나 금은동메달을 모두 모으면 청단 세 개를 모은 효과가 있다거나, 뭐 그런 식이었다. 얼마 전에 조카의 유희왕 카드를 보니 기본적인 것은 옛날과 큰 차이가 없었다. 카드 안의 다양한 요소를 잘 파악해야 게임의 승자가 될 수 있었고, 카드의 이름과 이미지에는 수집 욕구를 자극하는 여러 가지 변수가 포함되어 있었다. 아이들을 허기지게 만들려고 작정했는지 전부 모으는 것이 불가능할 정도로 종류가 많았다. 게다가 온라인 게임의 요소까지 받아들여 오프라인 카드 게임인데도 복잡도가 이전과는 비교할 수 없는 수준이었다. 그 복잡한 규칙을 조카는 열심히 배워나가는 것 같았다.

보편적인 요소나 규칙을 찾는 것은 수집 정리에서 빼놓을 수 없는 재미다. 지우개를 수집할 때는 어떤 지우개가 잘 지워지는지, 어떤 지우개가 빨리 닳는지와 같은 특성을 파악할 수 있었다. 메모지를 모으고 친구들에게 나누어 주던 시절에는 어떤 디자인이 여자 아이들에게 먹히는지를 알게 되었다. 잉여적인 지식들이긴 하지만, 열심히 하다 보니 어느새 내 안에 그것들이 차곡차곡 쌓여가고 있었다.

나의 수집 인생은 당연하다는 듯 우표로 이어졌다. 우표는 수집 대상으로서 거의 완벽에 가까운 맛을 가졌다. 국가별, 도안별, 연도별, 이슈별로 분류 방법이 워낙 다양했다. 초일봉피first day cover(우표가 발행된 첫날에 봉투에 우표를 붙여 소인을 찍은 봉피), 소형 시트souvenir sheet(수집가들을 위해 소량의 우표를 그림이나 문구와 함께 세트로 만들어 판매하는 것) 등의 특별한 수집물도 있었고, 발행일에 맞춰 우체국으로 달려가 우표를 사는 재미도 쏠쏠했다. 한 2, 3년 신나게 모았다. 새 우표를 사기도 하고, 봉투에 붙어 있는 우표를 물에 불려 떼기도 했다. 매년 발행되던 우표 도록을 사서 한국 우표의 역사를 살펴보곤 했는데, 거래 금액을 보면서 무엇이 그 우표의 가격을 결정했을지 궁금했다. 또 귀한 우표에 대한 소유욕도 생겼다.

우표는 수집 대상으로서 거의 완벽에 가까운 맛을 가졌다(저자 소장 우표책).

　가장 좋았던 건 우표 디자인을 통해 한국 현대사에 관심을 갖게 되었다는 것이다. 이승만의 1~3대 대통령 취임 우표를 보면서 이상한 느낌이 들었고, 이후 박정희 대통령 취임 우표를 봤을 때도 마찬가지였다. 왜 이 사람들은 몇 번이나 연속으로 대통령이 되었을까? 이런 의문은 고등학생이 되어 현대사를 공부하며 해결할 수 있었다. 전두환 대통령의 해외 순방 우표는 너무 많아서 얼굴이 혐오스럽게 보일 지경이었다. 이 과시적인 추한 미감은 도대체 어디서 나온 것일까? 어린 마음에도 그런 생각을 했다. 민족 기록화 우표나 각종 국제회의 기념우표 등 각각의 우표들에는 그것이 발행되던 시절의 분위기가 한껏 담겨 있다. 나중에는 그 우표들에도 정치적인 함의가 있다는 것을 알게 되었다. 이제는 우표를 사지 않지만 지금도 우표를 좋아하고, 우표 가게를 지날 때면 전시된 우표를 유심히 보곤 한다. 또 해외에서도 우체국에 갈 일이 있으면 꼭 우표 발행 계획 포스터를 보며 도안을 구경한다. 우표 수집은 여전히 아이들에게 권할 만한 괜찮은 취미라고 생각한다.

소년, 사전을 만나다

1976년생인 나는 전두환 정권 시대에 부자도 빈자도 아닌 어린 시절을 보냈다. 솔직히 말하자면 눈치가 둔했던 탓에 어려서는 우리 집이 중산층인 줄 알았는데, 돌이켜보니 빈자에 가까웠던 것 같다. 어머니는 집에서 공장 스웨터의 마무리 수작업을 부업으로 하셨다. 그 일로 버신 용돈은 가끔 집에 오는 방문 판매 책장수의 손에 들어갔다. 덕분에 나는 책을 꽤 얻어 읽었다.

　아동용 세계문학전집도 있었고 도감도 있었다. 그 여러 책들 중에는 문제의 백과사전이 있었다. 바로 계몽사의 『컬러학습대백과』(1972년 판, 8권)였다. 가나다순으로 편집되어 있으며 한 페이지의 상단 70퍼센트에는 도판이, 하단 30퍼센트에는 설명이 배치되어 있었다. 도판에는 사진뿐 아니라 기계의 구조도나 동물의 해부도 등 일러스트가 다

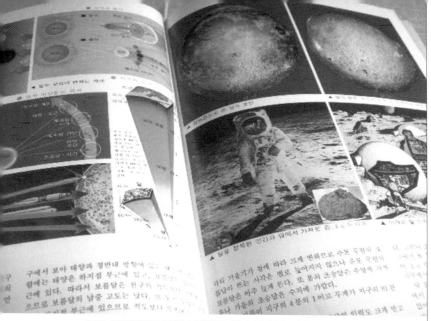

1970~80년대 중산층 가정의 상징이었던 계몽사의 『컬러학습대백과』.

수 포함되어 있었다. 나는 이 책을 말 그대로 책 가운데가 떨어져 나갈 정도로 봤다. 어머니는 마루에서 부업을 하시고 나는 그 옆에서 뒹굴면서 책을 읽었는데, 가장 오랜 시간 붙잡고 있던 책이 바로 이 백과사전이었다.

이 책이 좋았던 건 일단 그림이 크고 설명은 간결했기 때문이다. 초등학생에게 긴 설명은 부담스러울 수밖에 없었는데, 이 책은 그 점을 아주 잘 알았다. 책 전체에 걸쳐 설명의 분량을 최소한으로 일정하게 유지했다. 또 다른 장점이라면 이 책은 그 자체로 균형감과 완결성이 있었다. 앞뒤로 넘겨가며 찾아보기만 하면 일상에서 궁금한 것들을 대강은 알 수 있었다. 주변에 물어볼 만한 사람이 없었는데도 괜찮았다. 어딘가에는 내 의문을 해소해줄 항목이 있었다.

각종 기계와 동식물의 구조/단면도는 아무리 봐도 질리지 않았고, 볼 때마다 계속 생각할 수 있었다.

당시 방문 판매 책장수 아저씨들은 정보량이 부족한 어머니들을 대상으로 꽤나 열심히 영업을 했다. 예나 지금이나 어머니들은 당신 자식이 다른 아이들에게 밀리는 것을 참지 못한다. "돈 없어요. 돌아가세요"라고 얘기하시는 어머니를 본 기억도 있지만, 대개는 중요한 책을 내 자식만 못 보면 안 된다는 불안감에 이런저런 책들을 구매하기 일쑤였다. 그래서 친구들 집의 책장에는 대체로 백과사전 한 질 정도는 놓여 있었다. 당연히 안 봐서 깨끗한 것들이 많았고, 상급학교로 진학할 때마다 중학생용, 고등학생용 하는 식으로 새롭게 사곤 했으니 버려지는 것도 많았다. 그렇게 버려진 책들은 지금도 헌책방을 조금만 뒤지면 살 수 있다.

내가 유소년기를 보낸 1970~80년대에는 백과사전의 종류가 무척이나 많았다. 그 백과사전들은 사실 학생들을 위해 새로 편집된 보급판이었다. 그 이전에는 학원사의 『세계대백과사전』(1967년 판, 12권)이나 태극출판사의 『대세계백과사전』(1974년 판, 16권), 동아출판사의 『동아원색세계대백과사전』(1984년 판, 30권) 등 어른을 위한 백과사전들이 있었다. 이 사전들은 아무래도 한자가 많고, 아이들이 읽기엔 부담스러운 분량이었다. 가격도 꽤 비싸서 어지간한 인

텔리 집안이 아니고서는 집에 들여놓는 것이 사치였다.

그 무렵 『브리태니커 백과사전』 영문판이 국내에서 상당히 많이 팔렸는데, 피아노처럼 교양을 과시하려는 목적으로 팔려나간 측면이 컸다. 당시 한국브리태니커회사의 대표를 맡고 있던 한창기*는 그 점을 잘 알았고, 이를 이용해 큰 수익을 올렸다. 그 돈으로 「뿌리 깊은 나무」를 창간했으니 백과사전을 사들이던 당시 중산층의 지적 허영심과 한창기 개인의 글과 책에 대한 사랑이 만나 한국의 출판, 잡지 문화 발전에 크게 이바지했다고 할 수 있다. 이렇게 시장이 커지던 차에 계몽사에서 『컬러학습 대백과』를 내놓아 크게 히트를 쳤다. 책은 중판을 거듭했고, 이후 계몽사는 잡지도 발행하고 음반 산업에도 진출하는 등 중견 출판사로 성장했다.

1980년대는 백과사전을 출간해서 돈을 벌 수 있는 시대였다. 저작권 개념이 희박했기 때문에 일본의 백과사전을 생각없이 번역해 내놓은 것들도 있었다. 성인이 되어 읽어보니 옛날 백과사전들의 상당수가 형편없는 문장들로 가득해 읽는

한창기는 백과사전 편집인, 잡지 편집인, 문화재 수집가, 문화 애호가였다. 백과사전 유통을 고민하다가 브리태니커 본사에 직접 연락해서 1968년에 한국 지사를 설립했다. 주먹구구식으로 이루어지던 방문 판매 조직을 혁신해 현대적인 세일즈 개념을 도입했다. 그 결과 한때 세계에서 브리태니커를 가장 잘 파는 지사로 인정받았다. 그렇게 만들어진 자금으로 한글 전용 문화지인 「뿌리 깊은 나무」를 창간(1976년)해 젊은층의 지지를 받았다. 「뿌리 깊은 나무」는 우리 문화에 대한 애정과 세련된 편집으로 한국 잡지 문화를 크게 바꾸어놓았다. 「뿌리 깊은 나무」는 전두환 정권에 의해 폐간되었고, 이후 한창기는 「샘이 깊은 물」을 다시 창간(1984년)했다. 또한 우리 문화에 대한 애정으로 노인들의 과거를 구술한 '민중 자서전 시리즈'를 출간했으며, 판소리 감상회를 지속적으로 열었고, 판소리 다섯 마당을 음반으로 제작해 배포했다. 문화재 수집가로도 유명해서 한창기가 들었다 놓았다는 이유만으로 골동품 상점에서 그 물건의 값이 올랐다는 이야기가 있을 정도였다. 우리말에 대한 애정도 깊어 서정수 교수와 함께 국어 문법책을 만들기도 했다. 한창기는 우리 문화의 숨은 멋을 끌어낼 줄 알았고, 동시에 사업에 대한 감각까지 지닌 사람이었다. 이 정도 수준의 양수 겸장은 한국 문화사에서 극히 드문 사례다.

것 자체가 고통이었다. 어차피 어머니들은 그 책들을 읽어보고 구매하는 게 아니었기 때문에 문장의 수준은 별로 중요하지 않았을 것이다. 어떤 면에서 당시의 학습백과는 백과사전이라기보다는 큰 형태의 전과 같은 것이었다. 전과는 너무 노골적인 학습 교재라 사주기 불편했던 부모들도 학습백과는 부담 없이 사줄 수 있었다. '학습'과 '백과'라는 매력적인 단어 두 개가 함께 있었기 때문이다.

백과사전 붐은 1980년대 전두환 정권의 과외 금지 정책 때문에 가능했다. 1989년에 과외 금지가 폐지될 때까지 백과사전과 전집류 도서들은 학부모들의 사교육 욕구를 해소하는 배출구 역할을 했다. PC통신이나 인터넷이 등장하기 전, 책이라는 학습 매체가 가정 단위까지 보급된 이후 시장 규모가 정점에 도달한 시기였다. 인기 드라마 <응답하라 1988>에서 묘사된 것처럼 안방에는 컬러 TV가, 아이들 방에는 백과사전 한 질이 놓여 있는 것이 당시 평범한 가정의 풍경이었다. TV에서는 주말 아침저녁이면 <장학퀴즈>나 <퀴즈 아카데미> 같은 프로그램이 방영되었고, 경쟁적으로 상식을 쌓는 것이 미덕으로 여겨졌다.

백과사전의 두 번째 붐은 1990년대에 찾아왔다. 1980년대에 출간된 백과사전들의 개정판이 나올 시점이기도 했고, 컴퓨터의 보급과 함께 CD롬이라는 새로운 매체가 등장해 백과사전이 학습 도구로 각광을 받게 되었다. 물론

CD롬으로 나온 브리태니커 백과사전.

컴퓨터로 백과사전을 차분하게 들여다본 학생은 그다지 많지 않았으나 어차피 지갑을 여는 사람은 학부모였고, 그들을 만족시키기에 '컴퓨터 + 백과사전 CD롬'은 썩 괜찮은 조합이었다. 그러다가 1997년에 IMF가 닥쳤다. 각 가정의 수입이 급감하고, 그에 따라 사교육 시장도 대폭 축소되었다. 그 대안으로 다시 한 번 주목받은 것이 학습백과였다. 스스로 학습하게 해준다는 말이 학부모들에게 매력적으로 다가온 것이다. 그즈음 기존 학습백과의 완결편이라고 할 만한 『21세기 웅진 학습백과사전』(1998년 판, 21권)이 출간된다. 브리태니커 영업사원 출신인 윤석금 회장이 타이밍 좋게 내놓은 이 백과사전은 말 그대로 대박이 났다. 첫 달에만 150억, 6개월 만에 300억 매출을 냈다고 한다.

학습백과 시장은 두 가지 요인에 의해 축소된 것으로 보인다. 하나는 사교육 시장의 과열이고, 또 하나는 검색의 범람이다. 정확하게 언제부터 사교육 시장이 폭발했는지는 모르겠으나 유명 학원 강사들의 이름이 언론에 등장하던 시점은 2000년대에 들어서였던 것 같다. 공교롭게도 그 시기는 인터넷 사용이 폭발하던 시점이기도 했다. 이 두 가지가 함께 작용하면서 학생들이 감당해야 할 정보량은 역사상 유례가 없는 수준이 되었고, 소박한 학습백과로는 더 이상 경쟁이 되지 않았다. 학습백과 시장은 축소되어 초등학교 저학년을 대상으로 하게 되었고, 중고등학교 학생들은 본격적인 입시 준비를 위한 교재들만을 소비하게 되었다.

의미는 축적과 정리에서 나온다

중학생 때부터 본격적으로 음악을 듣기 시작했다. 공부를 하면서 불만이든 욕구든 어딘가 배출할 곳이 필요했던 것 같다. 그렇게 시작한 음악 듣기는 팝과 메탈을 거쳐 1960~70년대 록에서 멎었다. 돈이 있으면 있는 대로, 없으면 없는 대로 음반을 모았다. 이때부터 25년이 지난 지금도 내가 가장 많은 시간을 들이는 취미는 록 음악 감상이다. 취미로서의 수집은 음악 듣기에서 정착한 셈이다.

음반, 특히 LP의 재킷은 마치 미술품과도 같아 모으고 구경하는 재미가 쏠쏠했다. 재킷은 말하자면 음반의 옷과 같은 것이다. 옷에 신경 쓰지 않는 (나 같은) 사람도 있지만, 어떤 이들은 자신을 표현하는 방법 중 하나로 외모를 꾸미고 옷을 차려입는다. 음반도 마찬가지여서 음악을 표현하기 위해 재킷을 예쁘게 꾸미는 경우가 있다. 반대로 음반이 유명해져 재킷 이미지마저 팝아트적 맥락을 획득하기도 한다. 이 지점에서 음반은 음악과 미술이 결합된 종합 예술품이 되며 음반만의 미감을 갖게 된다. 유명한 수집가이자 디제이인 성시완은 자신이 수집한 음반들만으로 전시회를 열기도 했다. 또 그는 영국의 재킷 디자이너 로저 딘Roger Dean의 원화 전시회를 주관하기도 했다. 로저 딘의 그림들은 영화 <아바타>의 세계관에 직접적인 영향을 준 것으로도 유명하다.

음악만이 아닌 음반이 가진 종합 예술적 특성에 끌린 나는 재킷에 특히 신경 쓴 프로그레시브 록progressive rock이라는 장르를 좋아했다. 지금까지 가장 열심히 들어왔고, 음반도 가장 많이 수집한 장르다. 록 음악계는 꾸준히 여러 장르가 등장해 흐름을 바꿔왔다. 1960년대 로큰롤 붐 이후

비틀스부터 시작해 예술 지향적인 뮤지션들이 무수히 등장했다. 이 여러 흐름 가운데 하나가 프로그레시브 록이었다. 영국 뮤지션들이 주도했지만 유럽, 북미, 남미 할 것 없이 전 세계에서 동시다발적으로 터져 나왔다. 이들이 낸 음반의 재킷은 장르별, 시대별, 국가별 특성을 고스란히 담고 있어 나중에는 발매 연도, 악기, 재킷 스타일만 보고도 앨범을 구매할 정도가 되었다. 이 종합 예술적 측면은 MP3 시대에 왜 음반을 사는가에 대한 하나의 대답이 될 수 있을 것이다. 바로 물성의 재발견이다. 요즘 LP는 검은색뿐 아니라 투명, 컬러, 스플래터splatter(물이나 물감 등을 흩뿌려놓은 듯한 이미지) 등 다양한 색깔로 만들어지는 추세이고 점차 디럭스 버전들이 나오고 있다. 물성을 강화하고 희소성을 부여해 소장가치를 극대화하는 방향이다. 이미 음반은 듣기 위해서가 아니라 소장하기 위해서 사는 물건이 되었다.

역시 음반도 많아지니 분류가 필요했다. 자연스럽게 주제별로 분류할 것인가, 가나다순으로 정리할 것인가 같은 문제를 고민하게 되었다. 여러 가지 시도를 하다가 먼저 국가별로 나눈 뒤에 가나다순으로 정리하는 식으로 굳어졌다. 여기서 내 언어 감각과 음반 수집 사이에 충돌이 발생했다. 로마자를 쓰는 언어들은 그냥 알파벳순으로 정리하면 되지만, 러시아의 키릴 문자나 일본의 가나는 그 언어 나름의 '가나다순'이 있지 않은가. 나는 일본어로 된 음반

▲ 로저 딘이 작업한 앨범 커버. 젠틀 자이언트Gentle Giant의 'Octopus'(1972, 영국).
▼ 핑크 플로이드Pink Floyd의 앨범 커버들. 주로 힙노시스Hipgnosis라는 디자인 집단이 작업했다.

을 일본어 문자의 배열표인 오십음도순으로 정리할 것인가, 알파벳순으로 정리할 것인가 고민에 빠졌다. 그러다 금방 실용주의자가 되어 더 익숙한 알파벳순으로 정리해버렸다.

언어로서 영어가 지닌 위세보다 문자로서 알파벳이 지닌 힘이 훨씬 보편적이다. 러시아 음악도, 일본 음악도, 한국 음악도 모두 알파벳으로 표기되지 않으면 외국인들에게 알려지기 힘들다. 나만 해도 집에 히브리 문자와 그리스 문자로 적힌 음반들이 있는데 앨범 제목이나 뮤지션 이름 등의 정보를 찾으려면 한참을 헤매곤 한다. 한글로만 적힌 한국 음반들은 아마 외국인들에게 비슷한 대접을 받고 있을 것이다.

외국의 문자를 분류하는 방법 이외에 외국어를 한글로 표기하는 것, 한국어를 로마자로 표기하는 것에도 관심을 갖게 되었다. 이 또한 음악의 영향이다. 대학교 때 가요 명반을 영어로 소개하는 홈페이지를 운영하면서 이런 고민을 시작했다. 한글이 로마자로 표기하기 얼마나 고약한지 그때 처음으로 느꼈다. 예를 들어 '산울림'을 'SanUlRim'으로 쓸 것인가, 'Sanullim'이나 'Sanoolim'으로 쓸 것인가. 이와 관련해서 국립국어원이나 문화관광부가 몇 번이나 표기법을 바꾼 역사도 알게 되었다. 지금도 이 문제는 해결되지 않았다. 필요한 사람들이 각자 자기 마음대로 쓰는 실

음반은 음악과 미술이 결합된 종합 예술품이다(저자의 LP장 사진).

정이다. 이승만의 로마자 표기가 'Syngman Rhee'라는 것
을 알게 되어 신선한(?) 충격을 받기도 했다. 여기서 각국
의 로마자 표기법의 역사에까지 관심을 갖게 되어 한글의
경우 '매쿤-라이샤워 표기법McCune-Reischauer romanization(1937)'
이 도입된 비극적인 사연이나 일본어 가나의 '헵번식 표기
법Hepburn romanization(1885)'의 정착 과정도 알게 되었다. 음악을
열심히 듣다가도 꼭 언어학으로 빠지는 것을 보면 내 취향
이 음악과 언어 양쪽에 뻗어 있는 것은 명백했다.

　　장르를 어떻게 분류할 것인가는 매우 어려운 문제다.
음악의 장르라는 게 전혀 선명하지가 않아서 중간에 걸쳐
있는 뮤지션들이 매우 많다. 그렇다고 모두 가나다순으로
정리하는 것은 전체적으로 보았을 때 효율이 떨어진다. 모

든 뮤지션의 이름을 기억해서 꺼내는 것도 쉽지 않기 때문이다. '오늘은 포크나 들어볼까', '오늘은 북유럽 음악이 당기네' 등 음악 청취 욕구는 여러 가지 방식으로 생겨난다. 그래서 결국 내가 선택한 것은 국가/언어/인종 구분과 메탈/흑인 음악/아방가르드 정도의 장르적 구분을 혼합한 것이다. 이것은 누구에게나 적합한 방식은 아니다. 각자가 나름대로 자신이 인지하기 좋은 형식을 만들고 있을 것이다. 이렇게 무엇인가를 가장 잘 정리할 수 있는 형식을 처음으로 고민하게 된 계기가 바로 음악의 장르 구분이었다. 지금도 음악의 장르는 필요악이라고 생각한다.

대학 시절 다리를 다쳐 며칠간 집에만 머무르던 시기가 있었다. 집에만 있자니 좀이 쑤시던 나는 기괴한 생각을 하나 하게 되었는데, 즐겨 보던 프로그레시브 록 잡지인 계간 「아트록」의 뮤지션별 색인을 만들자는 것이었다. 특정 뮤지션의 기사가 몇 권, 몇 페이지에 있는지를 일일이 정리해서 뮤지션을 기준으로 분류하면 되니 지루할 수는 있지만 어려운 일은 아니었다. 몸이 근질근질하던 대학생이 소일 삼아 하기에는 제법 괜찮은 작업이라 나는 몸도 성치 않은 주제에 잡지를 한 페이지씩 넘겨가며 기사의 위치를 타이핑하기 시작했다. 그렇게 열다섯 권 정도 되는 분량을 다 타이핑해서 잡지사에 보냈다.

내 기대는 훌륭한 색인이 잡지 뒤에 딱 붙어서 인쇄된

모습을 보는 것이었다. 내 삽질이 색인으로 멋지게 환생해 주길 기대했다. 결과는? 그다음 호에 내가 보낸 색인이 인 쇄되기는 했다. 그런데 일부러 뮤지션을 기준으로 정렬해 서 보낸 파일을 다시 권호순으로 정렬해 부록으로 실은 것 이다. 즉 목차를 모아서 다시 한 번 실은 모양새가 되었다. 그렇게 이전에 출간된 열다섯 권의 목차를 모아서 보는 거 라면, 내가 굳이 새로 타이핑할 이유가 없었다. 권호순(이후 설명할 '이어서 읽기' 방식)이 아니라 뮤지션순('넘나들며 읽기' 방식)으 로 실어야 의미가 생기는 것이었다. 그 결과물을 보면서 좋 은 정보 생산자가 좋은 정보 전달자는 아니구나, 구조화와 아카이빙은 또 다른 관점에서 접근해야 하는구나를 깨달 았다.

아카이빙에 대한 열망

음악을 들으면서 친구들(주로 형들)을 만난 곳은 하이텔의 언 더그라운드 뮤직 동호회였다. 여기서 형들은 자신의 음악 지식을 마음껏 뽐어댔고, 나는 그들의 떡밥을 덥석덥석 물 어가며 앨범을 사 모았다. 당시 하이텔 게시판에는 자료 확 보의 한계 때문에 사실과 소설이 섞여 있는 음반 리뷰들, '죽이는', '아름다운' 등의 형용사와 부사를 제외하면 남는 내용이 하나도 없는 감상적인 리뷰들이 올라올 뿐이었다. 하지만 나는 그 리뷰들을 보고 구매 욕구가 충만해졌으니 제 역할에는 충실한 떡밥들이었다. 그렇게 성장해가던 중에 하이텔이 문을 닫는다고 했다. 문을 닫으면 그동안 쌓아 온 수많은 프로그레시브 록 관련 글들은 어디로 가나. 그것들이 사라지는 게 싫었다. 그래서 며칠 날을 잡고 게시판 전체를 캡처했다. 그렇게 모은 게시물을 뮤지션별로 정리해서 홈페이지에 올렸다.

그때 내 관심사는 축적(아카이빙)이었던 것 같다. 조선왕조실록 같은 기록물과 오랜 기록의 전통이 있는데 왜 우리는 중요한 것들을 축적하지 못할까. 최소한 내가 있는 공간에서만큼은 축적이 안 되어 사라지는 일을 보고 싶지 않았다. 그렇게 축적한 것이 의미를 가지려면 정리가 필요하다. 즉 데이터베이스가 되어야 접근이 가능하고, 새로운 의미나 가치를 만들어낼 수 있다. 나는 혼자서 데이터베이스를 고민했다. 제목을 어떤 기준으로 적을 것인가, 앨범명이 어떻게 연도별로 나오게 할 것인가, 검색은 어떻게 할 것인가. 그러던 중에 '제로보드'라는 웹 게시판을 선택해 음반 DB에 맞는 스킨skin(컴퓨터에서 프로그램이나 게임 등을 구현할 때 사용자가 색깔이나 디자인 등을 선택해 설정하는 화면)을 찾아 적용했다.

하지만 계속 부족함을 느꼈다. 내가 프로그래머가 아니라 한계가 있었다. 프로그래머였다 하더라도 혼자서는 좀 버거웠을 것이다. 그러다가 위키위키WikiWiki라는 솔루션을 만났고 지금은 그 서비스에 기사들을 넣어둔 상태다. 위키백과를 이루고 있는 바로 그 위키위키 시스템 맞다. 위키백과는 위키위키 중에서 가장 성공한 서비스일 뿐 그 이전에도 위키위키를 이용한 여러 사이트가 있었고, 내 DB도 그런 사이트 중 하나였다. 위키위키도 혼자서 작업하기 버거운 것은 마찬가지였지만, 적어도 언제든 손을 대서 고쳐나갈 수 있는 환경은 갖춰졌다. 이름은 제타위키zetawiki.com이며, 지금은 다른 공동 작업자와 함께 이 사이트를 키워나가는 중이다. 위에서 언급한 프로그레시브 록 리뷰들도 모두 제타위키http://zetawiki.com/wiki/Progressive_rock에서 볼 수 있다.

당시 나는 하고 싶은 일뿐만 아니라 직업도 함께 고민하고 있었다. 음악 데이터베이스를 만들며 먹고살 수는 없을까 심각하게 고민한 적도 있다. 그때 국내에서 가장 방대한 가요 DB로 kpopdb라는 곳이 있었는데 그곳의 작업물을 보고는 도저히 내가 따라갈 수 없겠다 싶어서 포기했다. kpopdb는 지금도 maniadb라는 이름으로 명맥을 유지하고 있다. 사실 국내의 어떤 음악 서비스도 maniadb만큼 유의미한 구조의 DB를 갖추고 있지 못하다. 그런데 누구도 이를 제대로 배우려 하지 않는다. 대개는 음악 서비스에서는 음악만 잘 나오면 된다고 생각한다. 어떤 음악이 몇 년도에 처음 나왔고, 현재 듣고 있는 것은 몇 년도 버전인지, 앨범에 누가 얼마나 어떻게 참여했는지 등에는 관심이 없다. 공급자는 엉성한 것을 공급하고, 소비자는 더 상세한 정보를 요구하지 않는다. 그 두 가지가 결합해 국내 음악 DB의 수준이 올라가지 못하고 있다.

대중문화로 함께 묶이는데도 불구하고, 영화에 비해 음악은 세간의 주목에서 벗어나 있다. 영화 쪽은 학교마다 영화학과가 있고, 한국영상자료원 같은 국가 차원의 아카이브도 있다. 하지만 대중음악은 2015년에 개관한 대중음악박물관 정도가 고작이며, 각 학교의 실용음악과는 연주에 집중할 뿐 음악의 역사나 음반 비평 등에 대해서는 고민하지 않는다. 아카이빙이나 기록도 순전히 개인 수집가들에 의해 유지되고 있다. 가요 쪽에서는 노재명, 최규성, 신현준, 류형규 등 몇몇 인물들이 알려져 있긴 하지만 그들 개인의 역량에 의존하는 것에는 한계가 있다.

현재 홍대를 중심으로 활발히 움직이는 인디 신에 대해서 누가 체계적으로 기록하고 있는지 나는 알지 못한다. 고작 10년 전에 나왔던 음반도 당시 사진이나 자료가 없고, 마스터테이프를 잃어버려 재발매가 어려운 일이 흔하다. 우리 사회에 아카이빙이라는 개념이 여전히 부족하다고밖에 생각되지 않는다. 언제고 이 문제를 개선할 여건이 된다면 참여해보고 싶다. 음악 데이터베이스를 고민하면서 나는 내가 축적과 정리라는 두 가지 주제를 무척이나 좋아한다는 사실을 새삼 깨달았다.

수집의 끝판왕, 어휘 수집

직장생활 초년 시절에 나는 네이트온이나 카카오톡 같은
메신저와 무선인터넷 플랫폼 솔루션을 기획하는 일을 했
다. 하지만 뭔가 불편했다. 내가 이 일을 정말로 하고 싶은
가 하는 생각이 자꾸 들었다. 그러던 중에 내가 읽은 책들
을 돌이켜보니 주로 역사와 언어(번역)에 관한 것들이었다.
어떻게든 하고 싶은 걸 하자고 결심한 뒤 여러 가지 일을 생
각해보기 시작했다.

먼저 음악 DB를 만드는 일은 재미있어 보였지만, 앞서
말한 것처럼 나보다 더 잘할 사람이 많을 것 같았다. 두 번
째로 역사와 인터넷을 조합하기는 쉽지 않아 보였다. 지금
생각해보면 먼저 학계로 들어가 전문 지식을 쌓고 이후 역
사 DB를 만드는 프로젝트에 합류하는 방법이 있었겠지만,
내겐 너무나 멀리 돌아가는 길이었다. 마지막으로 고른 게
언어와 인터넷의 결합인 검색과 사전이었다. 인터넷 사전
을 쓰면서 불편한 게 한두 가지가 아니었다. 그리고 지식iN
으로는 불가능한, 지식을 축적할 수 있는 틀을 만들고 싶었
다. 그즈음 위키백과가 폭발적으로 성장하고 있었기 때문

에 집단지성collective intelligence이 결합되면 뭐든지 가능할 것 같은 기분도 들었다.

그래서 나름대로 경쟁 시스템을 도입한 오픈형 사전 서비스 기획안을 작성해 무작정 네이버의 담당 팀장에게 연락을 했다. 식사나 한번 하면서 설명할 기회를 달라고 했더니, 감사하게도 그분은 시간을 내주었고 나는 최선을 다해 설명했다. 그 기획안을 작년에 다시 꺼내봤는데 희망 섞인 기대감이 가득한, 하지만 지금으로선 한숨만 나오는 문서였다. 20대의 치기가 그대로 느껴졌다. 당시의 팀장님도 나보다 고작 서너 살 위였지만, 그 문서의 한심함은 충분히 읽었을 것이다. 아마도 그분은 그 문서에서 한심함보다 조금 더 컸던 열의를 읽은 게 아닐까 싶다. 이렇게 해서 나는 사전과 관련한 일을 하게 되었고, 어느새 10년이 넘도록 사전 서비스를 만들고 있다. 수집과 정리의 최후 단계인 언어, 어휘 수집으로 넘어온 셈이다.

내가 사전과 데이터베이스에 계속 관심을 갖고 작업하는 근본적인 이유는 정보에 편하게 접근하고 싶기 때문이다. 정보에 접근하는 방식이 비효율적인 경우를 보면 먼저 화가 나고, 여건이 닿으면 급기야 고쳐대기 시작한다. 이런 걸 보면 사전 만들기라는 직업과 내 적성이 그런대로 맞는 모양이다. 답답해 보이는 다른 서비스들을 더 고쳐보고 싶지만, 직장인이라 마음대로 안 되는 게 아쉬울 뿐이다. 한

두 사람이 할 수 있는 일도 아니고 조직이 필요한 일인데, 이런 일들이 들어가는 자원에 비해 성과가 잘 안 난다는 게 문제라면 문제다. 개인적으로는 좀 더 근본적인 학술 데이터베이스를 만들고 싶다.

이렇게 말하고 나니 더욱 명확해지는 것은 내게 분류와 정리에 대한 강박과 집착이 있다는 점이다. 이 강박은 지금껏 나를 움직여온 추동력이다. 이렇게 가치를 부여해온 분류와 정리에 대한 호기심을 잃는다면, 한동안 내 삶은 방향을 잃고 휘청할 것 같다. 다행히(?) 아직 우리가 가진 정보의 순도는 대체로 낮고, 그것을 정제해야 하는 일은 산더미처럼 쌓여 있다. 어떤 정보를 어떤 방식으로 쌓아야 검색도 잘 되고 좀 더 깊은 이해에 도달할 수 있을까? 아직 우리는 축적을 통해 새롭게 얻는 가치를 이해할 수 있을 만큼 정보를 충분히 축적하지 못했다. 정보 다루기에 관한 한 우리는 아직 갈 길이 멀다.

영화 〈사랑도 리콜이 되나요 High Fidelity〉(2000)를 보면 여자 친구와 헤어지고 나서 음반을 정리하는 주인공이 나온다. 알파벳순으로 했다가, 장르별로 했다가, 구매 시점순으로 했다가 하는 식이다. 그의 행동은 상실감에서 벗어나기 위한 것이다. 그런 식의 재분류는 종종 아무것도 하지 않았을 때와 별 차이가 없다. 오히려 정리 상태가 더 엉망이 될 수도 있다. 어쨌든 그는 '정리를 하고 싶은' 상태인 것이다.

영화 <사랑도 리콜이 되나요>의 주인공은 실연의 아픔을 극복하기 위해 음반을 정리한다.

사실 정리에는 끝이 없다. 새로 산 음반이 많아지면 그
것들을 어디에 꽂을 것인가라는 문제가 발생한다. C로 시
작하는 음반이 많아지면, C 이하를 전부 뒤로 밀어야 한다.
시시포스가 돌덩이를 끝없이 언덕 위로 굴려 올려야 하는
것처럼 말이다. 고생을 좀 덜 하려고 임시 공간들을 마련해
서 이렇게 저렇게 조각 모음을 해두기도 한다. 하지만 결국
언젠가 한 번은 다 뒤집어야 해결이 난다. 물론 그 과정에
서 '아니, 이런 음반이 나에게 있었군!' 하고 새롭게 발견하
는 음반들이 있어 신선한 자극이 되기도 한다. 데이터를 정
리한다는 건 이 모든 복잡하고도 수고스러운 과정을 다 알
면서도 끝없이 하는 일이다. 그러다 보면 종종 허무감을 느

끼기도 한다. 어떻게 하면 이 허무감을 극복하면서 지속 가능한 데이터베이스를 만들 수 있을까? 이것이 내가 고통과 희열 사이를 오가면서도 끝내 놓지 못하는 과제인 것 같다. 웹사전 만들기는 내 이런 강박의 표현이다.

사실 이런 강박이 개별적으로 발현되었을 때는 반딧불 정도에 지나지 않는다. 반딧불은 깜깜한 밤에 나름대로 깜찍한 재미를 선사하지만, 어둠을 밝힐 정도는 못 된다. 반딧불이 백 마리, 만 마리가 모여 엉덩이를 맞대야 주변이라도 밝힐 수 있다. 이걸 말 만들기 좋아하는 사람들은 '집단 지성'이라 부른다. 내가 적극적으로 참여하고 있는 또 하나의 데이터베이스인 위키백과는 이 엉덩이 맞대는 방식 중에서 가장 성공한 예다. 어떻게 하면 내 강박이 남의 강박과 잘 결합해서 의미 있는 것을 만들어낼 수 있을까? 어쩌면 의미 있는 것을 만들어야 한다는 마음 상태가 바로 강박인지도 모르겠지만, 기왕이면 내가 한 고생스러운 작업들을 남들은 반복하지 않았으면 좋겠다는 소박한 마음으로 봐도 좋겠다.

백과사전을 읽고 우표를 모으던 아이는 백과사전을 편집하고 정보를 분류하는 사람으로 자라났다. 그 과정에서 줄곧 품고 있던 근본적인 질문은 '정보를 어떻게 분류할 것인가'였다. 이는 사전 편찬자나 도서관 사서, 데이터베이스 관리자 같은 전문가들만이 할 수 있는 질문이 아니다. 내가 팀원들을 면접할 때 항상 묻는 말이 있다.

"책장은 어떻게 정리하고 있습니까?"

"PC의 폴더는 어떤 방식으로 분류하고 있습니까?"

우리는 누구나 크고 작은 정보를 일정한 기준에 따라 분류하며 살아가고 있다. 나는 사람들의 분류 기준이 궁금하다. 그리고 그 수많은 분류 가운데 어떤 것이 보편성을 획득할 수 있는가에 계속 관심을 두고 있다. 지금부터 인간이 찾아낸 여러 지식 정리 방식 가운데 가장 큰 보편성을 획득한 사전에 대한 이야기를 시작하겠다. 그다음으로는 사전이 현재에 어울리는 보편성을 획득하기 위해 종이라는 물성을 버리고 웹으로 숨어든 형태인 검색에 대해 이야기할 것이다.

[좌담] 디지털 시대, 사전의 미래를 묻다

참가자

정철(다음커뮤니케이션 지식서비스 팀장), **안상순**(전 금성출판사 사전편찬팀장), **이승재**(국립국어원 어문연구실 언어정보팀장), **장경식**(한국브리태니커 이사), **정보라**(블로터 기자)

＊괄호 안의 소속은 2013년 6월 좌담 당시의 소속 기관 및 기업명과 직책을 그대로 실었다.

정보라   사전을 내던 출판사들이 더는 사전을 만들지 않는다는 얘기가 들린다. 지금이야 포털이 출판사에게 사용료를 내고 받아온 사전을 무료로 쓰지만, 앞으로 사전이 새로 만들어지지 않으면 믿고 쓸 자료가 없어지는 것 아닌가.

안상순   불과 10여 년 전만 해도 사전은 수익을 창출하는 품목이었다. 잘 나가는 출판사라면 영어사전을 1년에 30만 권 정도 팔았으니 수지맞는 장사였다. 디지털 사전이 등장하면서 종이사전에 위기가 왔다. CD롬 형태의 사전이 있었고, 전자수첩 형태의 사전도 있었다. 휴대폰 메모리에 사전을 담는 방법도 있었다. 지금은 온라인 사전만이 주류를 이룬다고 봐야 한다. 10년 전부터도 조짐이 보였는데, 최근 5년 사이에 많이 문을 닫았다. 내가 아는 곳 가운데는 민중서림 한 곳만 살아 있다. 지금 판매되는 종이사전은 그동안 찍어놓은 것이고, 사전 개정 작업이나 새로운 형태의 사전 제작은 거의 중단돼 있다.

장경식   브리태니커에 1992년에 입사했는데 당시 한국 직원만 1000명이 넘었고, 연 매출은 300억 원 정도였다. 브리태니커는 1989년 CD롬으로 백과사전을 만들었고, 1995년 '이제 디지털이다'라고 하여 전 세계 방문 판매 조직을 1년 사이에 없앴다. 한국에서 종이책은 2002년 판을 마지막으로 잘 안 팔리고 있다. 한국브리태니커는 편찬 기능을 유지하고 있고, (웹사이트를) 매년 20퍼센트씩 업데이트한다 (2016년 현재 브리태니커 한국어판은 서비스를 종료했으며, 백과사전 본문은 카카오가 인수하여 '다음 백과사전'의 일부로 서비스 중이다).

안상순   백과사전이 변화에 더 빨리 직격탄을 맞았다. 종이책의 위기를 가장 먼저 겪은 게 백과사전이다. 그 뒤 어휘사전으로 왔고, 단행본 형태의 종이책도 점차 영향을 받는다.

정철   백과사전이 가장 먼저 위기를 겪은 건 백과사전의 원래 역할이 가정 내 1차 참고물이었기 때문이다. 지금은 검색이 그 역할을 가져갔다. 백과사전은 온라인 백과사전과 경쟁한 게 아니라 검색과 경쟁했다.

안상순   십수 년 전만 해도 학생들은 책가방에 두꺼운 사전을 넣어서 다녔다. 특히 영한사전 한 권씩은 넣었다. 그게 있어야 영어 공부가 가능하다고 생각했다. 그러다 어느 날 전자사전이 나오며 전자사전을 갖고 다니지 않으면 공부 안 하는 애가 됐다. 지금은 그것도 필요 없다. 스마트폰으로 온라인 사전을 바로 이용할 수 있다.

장경식   그 모습은 나라마다 다른 것 같다. 일본은 시장에 부침이 있긴 하지만, 전자사전 자체의 매출은 유지된다. 반면 한국은 전자사전이 3년 전 바닥으로 추락하기 시작해 지금은 시장이 없다. 이 모습의 차이는 어디에서 만든 사전인지를 중요하게 생각하는 데서 나온다. 우리가 학교 다닐 때 영한사전은 민중서림, 영영사전은 콜린스 코빌드를 으뜸으로 여겼다. 최근 2, 3년 새 그 개념이 사라졌다. 좋고 나쁜 걸 가리는 눈도 사라졌다. 그저 검색해 나오는 결과가 맞겠거니 하며 볼 뿐이다.

정철　　　지금 포털이 잘못하는 게 하나 있다. 뉴스처럼 사전 브랜드를 무색무취하게 만든다. 그런 점에서 포털이 변해야 한다. 일본의 국어사전은 저마다 이름이 있다. 이와나미 쇼텐岩波書店에서 만든 고지엔広辞苑, 산세이도三省堂에서 만든 다이지린大辞林, 쇼가쿠칸小學館에서 만든 다이지센大辞泉 이런 식이다. 그 이름을 보고 사는 사람이 꽤 있다. 사전마다 성격이 다르고 특색이 있고, 권위가 있다.

안상순　　　사전 콘텐츠는 끝없이 키워야 하는데 어느 단계에서 성장이 멈췄다. 계속 고쳐야 생물이 되는데 죽어가고 있다. 이게 사전의 위기다. 그나마 국어사전은 다행이라면 다행인 상황이다. 국립국어원에서 사전 편찬 작업을 계속하고 있다. 상업 출판사는 수익을 창출해야 그 수익으로 다음 작업을 할 수 있는데 수익이 막혀버리니까 더는 지속하기 어렵게 됐다.

이승재　　　1990년대 초 국립국어원이 국어사전을 만들 때 국가가 국어사전을 편찬하면 민간 사전과 달리 어떤 역할을 해야 하는지 고민을 많이 했다. 그때 민간에서 사전을 만들 때 바탕이 되는 큰 규모의 사전, 원천 자원을 만들어 제공하면 좋겠다고 생각했다. 국가 행정은 민간이 잘 되도록 지원해야 하는데, 결과만 두고 보면 국가가 안 하면 아무도 안 하는 현실이 돼버렸다.

정철   앞서 '믿고 쓸'이란 표현이 나왔던 것 같은데, 포털은 믿을 수 있는 곳이 아니다. 거기에서 믿어야 하는 것은 이용자의 불만뿐이다. 포털에서는 사전의 브랜드뿐 아니라 이 사전이 언제 만들어졌는지도 느껴지지 않는다. 이용자가 정보를 어느 정도 신뢰할지 판단할 최소한의 정보가 더 필요하다.

장경식   사전 데이터는 고도로 정제된 데이터다. 몇 십 년에 걸친 편찬자의 감과 안목, 엄정한 규칙에 따라 만들어진다. 이러한 기준으로 노력하는 건 국어사전은 국립국어원과 고려대학교, 연세대학교, 백과사전은 브리태니커만 남은 것으로 안다.

정보라   사람들은 포털 사이트에서 검색해 정보를 찾지 더는 사전을 펴지 않는다. 포털 서비스가 검색 품질을 높이려고 사전 서비스를 닦는 때가 올 수도 있겠다. 그럼 사전 편찬 작업을 출판사가 아닌 포털이 하게 되고, 또 그들이 해주길 바라야 하는 것 아닌가.

장경식   포털이 그 책임을 진다고 해도 포털은 국내에서 대형 두 곳뿐이다. 백과사전도 여러 가지가 있어서 서로 다른 특성으로 정보를 해석해 보여줘야 다양한 사유 체계를 품은 문화가 싹튼다. (다음과 네이버 두 곳에서만 사전을 만든다면) 대한민국 문화는 평면적이고 단편적인 모습이 될 것이다. 정보라는 게 하나로만 규정되면 굉장히 무시무시하다.

안상순   고려대학교와 연세대학교의 국어사전이 살아 있긴 하지만, 큰 역할은 하지 못한다. 사실상 국립국어원에 대적할 사전이 없고 독점이 됐다. 어떤 형태의 독점도 좋지 않다. 예전에는 다양한 형태의 사전이 서로 경쟁적으로 나오며 여러 시각에서 정보에 접근했는데, 그게 어려워진다면 우리에게 위기라면 위기다. 지금 온라인에서 수익을 창출하는 곳은 포털인데, 포털에서 그런 역할을 해줄 생각은 별로 없는 것 같다. 누군가가 혜성처럼 나타나서 이 역할을 지속하지 않는 한 사전의 위기는 심화할 수밖에 없다. 사전 작업은 고도의 전문성이 필요하고 오랜 시간 축적돼야 한다. 사전 체제라고 하는 것은 굉장히 복잡해 적어도 10년 이상, 20~30년이 걸려야 제대로 된 경험이 쌓인다. 지금은 눈에 보이지 않는 소중한 경험이 사라지고 있다. 이러다 다시 사전을 만들려고 할 때, 사전을 만들 인력을 구할 수 없게 될 것이다.

이승재　　국립국어원이 사전 작업을 할 때 가장 어려운 게 그거다. 연속, 지속하기. 사전을 7, 8년간 만들면 그 기간에 수십 명의 인력이 숙련된다. 그런데 사전이 만들어지고 나면 그 인력을 유지하며 써먹기 어렵다. 새로운 걸 만들지 않는 이상 정부 예산을 쓰기는 어려운 일이다. 그런데 사전을 만들 땐 아무나 당장 데려다 시킬 순 없는 노릇이다.

장경식　　사전 편찬 기술은 최소 2, 3년 이상 묵어야 감을 익힌다. 훈련된 전문 인력이 많이 사라졌다. 백과사전 분야에선 동아원색대백과 만들던 분들이 사라질 무렵, 브리태니커가 작업을 하고 두산백과 개정판이 만들어지고 동서문화에서도 새로운 사전을 만들었다. 그때가 백과사전 붐이었는데, 그분들이 다 사라졌다. 사전 만드는 저변은 거의 사라진 상태다.

정철　　지금 우리가 웹상에서 사전이라고 보는 것 상당수가 해당 항목에 대한 설명문이지 사전처럼 압축된 게 아니다. 상세하게 기술하고 중요하지 않은 것은 덜 기술하는 걸 고민해서 만드는 게 사전이다. 위키백과는 여러 사람이 참여해 서술하는 방식이라 사전이 가진 극도의 건

조함은 없다.

이승재   사전이 이런 위기에 몰리지 않으려면 재생산이 활발하게 되고 그게 이용자에게 활발하게 쓰여야 한다. 지금 그 유통은 포털에서 하는 셈이다. 포털이 사전에 신경을 쓰게 하려면 사전 콘텐츠가 좋아야 수익이 오른다는 등식이 있어야 하나.

안상순   아직은 사전 이용자가 사전이 죽어가고, 콘텐츠가 죽어가는 걸 체감하지 못한다. 잘못된 콘텐츠가 늘어나면, 제일 먼저 포털이 '옛날 콘텐츠를 가져다 썼더니 문제가 불거지는구나'라고 위기를 느낄 것이다. 그런데 재생산할 데가 없어졌다. 목마른 사람이 우물을 판다고 포털이 그 일을 하게 될지도 모른다.

장경식   전에는 (포털 서비스가 내세우는 기조가) '찾아준다'였다면 이젠 '믿을 만합니다'라고 해야 할 거다.

정철   사전이 다른 정보보다 늦게 개정되면 결국은 믿을 만한 정보가 안 되는 거다. 결과적으로 이것에 대해서 아우성이 있어야 한다. 원성을 제일 처음 맞닥뜨리는 채널은 포털이 될 거다. 포털 내부에서 의사결정을 하든지 외부에 전하든지 갱신하는 조직을 만들든지 그것에 대한 에너지는 원성이어야 한다.

이승재   국립국어원은 네이버에 표준국어대사전 DB를 제공하는데 그쪽을 통해 들어오는 민원이 꽤 된다. (고려대한국어대사전을 서비스하는) 다음 쪽도 사전 데이터에 관한 민원이 많이 오는 편인가.

정철   생각보다 이용자는 제보 자체를 많이 하지 않는다. 아주 구체적으로 제보하는 경우는 족보와 관련한 것과 같이 이해 당사자가 연락할 때다. 역사적 인물에 관하여 '내가 찾아보니 근거는 이러하여 고쳐야 한다'와 같은 제보는 거의 오지 않는다.

정보라   출판사가 사전으로 수익을 얻지 못한다는 얘기가 앞서 나왔다. 전자사전과 달리 포털에 일정 비용을 받고 사전 데이터를 제공하면 사람들이 온라인에서 무료로 사전을 쓰게 된다. 그렇게 되면 종이사전이나 전자사전을 사지 않게 된다. 포털에서는 사전 데이터를 가져갈 때 이 부분을 제대로 보전하지 않은 것인가.

안상순   포털에 사전 데이터를 제공하고 받는 비용은 과거 수익과 비교할 수 없을 정도의 푼돈이다. 그런 걸로는 도저히 수지타산을 맞출 수가 없다.

장경식   포털은 검색 빈도에 따라서 그 데이터의 유용성을 판단하는 것 같다. 사전은 전반적으로 검색 빈도가 낮다. 일반 어학사전은 양도 적고 거의 푼돈에 가까운 대접을 받는 걸로 안다.

장경식   민중서림 영한사전은 책은 작지만, 그 안에 든 데이터는 어마하다. 원고지로 치면 2, 3만 장에 달할 것이다. 그 안의 데이터를 바꾸고 신조어를 넣으려면 페이지도 바꿔야 한다. 편집부가 최소 10여 명은 유지돼야 한다. 1년 인건비만 몇 억 원이다. 포털에선 몇 억 원 수익이 나야 편집실을 유지할 것이다. 검색 빈도에 따라 팀을 꾸린다면, 사전의 검색 빈도가 낮으니 유지할 수 없을 것이다.

이승재   사회가 변화하며 의사소통 방식이 변했고, 종이사전은 쇠
퇴할 수밖에 없는 시대가 왔다. 종이사전은 실시간 수정이 불가능하니
몇 년 만에 바꾸면 느릴 수밖에 없다. 소비자가 느긋하게 참아주는 것도
아니고. 그러다 보니 온라인으로 가는 건 맞는데 매체가 바뀌며 수익 모
델을 만들지 못했다.

정철   사전엔 '꽃배달'이 없다. 그런데 포털이 버는 돈은 '꽃배달'
검색에서 나온다. 사전은 그런 데(돈을 버는 키워드)에 이바지하는 바가
크게 없지만, 검색의 품질을 유지하는 뼈대가 된다. 검색 결과에 사전이
없으면 사람들이 뭐라고 하니, 사전을 유지한다. 사용자가 '사전이 왜 이
따위야'란 얘기를 하면 움직일 거다. 포털은 이용자 목소리에 예민하게
반응한다.

안상순   사전 콘텐츠에 대한 수요는 앞으로도 계속 있을 것이다. 백
과사전에 관한 욕구는 검색으로 커버가 될 것이지만, 어휘사전은 좀 다
르다. 국어의 어떤 단어에 관한 심층적인 정보를 검색창에서 해결하기
가 어렵다. 어휘사전을 통해서만 깊은 정보를 줄 수 있다. 그런 고급 정보
를 원하는 독자가 자꾸 불만을 제기해 사전이 움직이게 하는 힘이 돼주
면 좋은데 그 동력이 언제쯤 생길지는 미지수다.

정철   사전 쪽은 위기라고 표현하는 게 적절하지 않다. 빈사 상태
다. 어학사전은 출판사 한 군데를 제외하고 어디에서도 편찬하지 않는
다고 한다. 그걸 잠시나마 영어 번역사전이 메워주고 있다. 영한사전은
외산 사전이 도배했다. 콜린스 코빌드와 옥스퍼드, 롱맨, 맥밀런 사전이
한국어로 번역됐는데 그중 옥스퍼드는 네이버에 공급된다. 이들 사전의
개정판이 과연 나올까? 그건 모르겠다. 영어 번역사전이 등장해 몇 년간

의 공백을 메웠다고 해도 지속 가능하지 않은 상태로 시간이 흘러간다. 결국은 사전을 공공재로 생각하는 게 맞다. 국립국어원에서 좀 더 예산을 확보하여 사전을 잘 만들 수 있게끔 어디엔가 펀딩을 한다든가, 좀 더 큰 기업에서 사전 편찬하는 데 비용을 내고 그걸 자기 홍보 채널로 쓴다든가, 그런 형태의 목소리가 나와야 한다고 생각한다.

안상순 콜린스 코빌드나 롱맨 같은 사전이 영한사전으로 나오면 굉장히 질 좋은 사전일 거라고 생각하는데 나는 생각이 다르다. 영어의 대역어로서 제시되는 한국어가 사실은 한계가 있다. A라는 언어가 B라는 대역어로 제시됐을 때 1 대 1 대응하느냐, 대부분 안 된다. 이중언어 사전은 근본적으로 불완전할 수밖에 없다. 완전히 일치하지 않는 부분에 대해서 섬세한 풀이가 가해져야 한다. '해피=행복하다'라는 식의 접근법으로는 영어를 학습하고자 하는 사람이 한계를 느낄 수밖에 없다. 번역사전을 갖다 놓고 영어를 배우는 건 사실 불행한 일이다. 한국어에 대한 부분은 우리가 고민해야지, 그 사람들이 고민할 수 없다. 두 언어의 미묘한 차이에 대한 섬세한 설명이 들어간 영어사전이 개발돼야 하는데 그게 끊겼다.

정철 번역사전은 영어를 영어로 풀이한 걸 한국어로 번역한 것이지, 대역어를 제시하지 못한다.

정보라 사전의 위기는 콘텐츠에 제값을 치르지 않는 문화에서 온 것이 아닐까. 사전이 주는 간결하고 정제된 정보가 필요하지만, 이용 비용은 내고 싶지 않은 거다. 포털에서 무료로 찾을 수 있으니까. 만화나 음악, 영화, 책, 잡지, 신문 등도 포털이 돈을 주고 사서 무료로 제공하지 않는가. 사전만의 문제는 아닌 것 같다.

장경식   사전은 문화 콘텐츠의 기반이다. 역사를 구축하는 과정이다. 국가적·사회적 관심이 필요하다.

안상순   기업도 사회적 책무를 느껴야 한다고 본다. 한글학회가 '큰사전'을 만들 때 1948년 록펠러 재단에서 종이를 대줬다. 미국의 기업이 아시아의 조그마한 나라가 사전 만드는 데 돈을 낸 것이다.

정철   우리나라가 세계 최대 규모의 한자사전을 만들었다. 단국대에서 30년간 만들었다. 대단한 업적이다. 그런 걸 내놓으면, 중국과 타이완에서도 긴장할 정도의 규모라고 한다. 그럼 공부하는 국가라는 걸 느끼게 될 것이다.

이승재   예전엔 범용 콘텐츠가 있었다면 이젠 사전이라도 특정 목적으로 잘게 쪼개져 정제돼 존재할 것 같다.

정철   결국은 개별 사전의 브랜드가 중요하다. 브리태니커는 사람들이 '브리태니커는 한번 봐야겠구나'라고 생각하지 않나. 매체로서 브랜딩이 좋은 것 같다.

장경식   그게 개성을 확보하고 다양성을 만든다.

이승재   종이사전은 알게 모르게 공간을 엄청나게 제약했다. 종이사전에서 디지털 사전으로 바뀌는 것은 종이사전이 가진 많은 제약을 벗어버리는 거다. 사전의 형태나 확장성도 달라질 수 있다.

* 이 글은 2013년 6월 온라인 매체 <블로터 www.bloter.net>에 실린 좌담 '디지털 시대, 사전의 미래를 묻다'를 재편집한 것이다. 전문은 http://www.bloter.net/archives/156907에서 확인할 수 있다.

2장

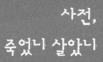

사전,
죽었니 살았니

지식에 대한 지식

사전은 '지식에 대한 지식'을 정리한 책이다. 좀 더 엄밀히 말하자면 지식에 대한 개념을 서술한 책이다. '지식에 대한 지식'이라니 조금 애매하게 들리기도 하지만, 무엇이든 양이 많아지면 다루는 기술도 달라지기 때문에 지식이 쌓이면 자연히 '지식에 대한 지식'도 생겨나기 마련이다. 이것을 '메타 지식'이라 부르기도 한다.

'메타meta'를 『옥스퍼드 학습자 영어사전Oxford Advanced Learners' Dictionary』(OALD)에서 찾아보니 두 번째 의미로 'higher; beyond'라고 간결하게 나와 있다. 어원은 그리스어 'meta'이고 의미는 'with, across, or after'. '메타'는 하나의 세계를 압축해서 이해하는 방식으로 '추상화'라고 해도 좋겠다. 예를 들어 물리학, 화학이 있으면 과학사, 과학철학이 있고 국어학, 언어학이 있으면 언어유형론, 역사언어학이 생겨난다. 역사학 사전도 있고, 사전의 역사도 있고, 사전학 용어사전도 있고, 역사학의 역사도 있다. 도서관에 가보면 역사의 역사나 역사철학을 다룬 책이 생각보다 많은데 아무래도 유명한 E. H. 카의 『역사란 무엇인가』(1961) 이후에 나온 책들이 아닌가 싶다. 뭐든 많아지면 구조와 구성을 생각하게 마련이다.

인간은 오랜 시간 지식을 쌓으면서 자연스럽게 축적과

분석을 하게 되었다. 축적은 도서관과 같은 아카이브로 구체화되었고, 분석의 결과물은 사전이 되었다. 책을 지식의 중간 정도 단위로 가정하면, 책의 집합적인 덩어리가 도서관이고 책의 지식을 잘게 나눈 형태가 논문이나 사전적 정의 같은 작은 단위다. 학문의 여러 가지 방향 가운데 하나가 바로 끝없는 분석인데, 그렇게 잘게 나누고 또 나눠서 가장 밑바닥으로 가면 학문의 기본 단위인 용어가 나온다. 그 용어들을 정의 내리는 것이 사전이고, 기준에 맞춰 분류하고 묶어서 책이라는 물성을 부여하면 바로 우리가 한때 열심히 들춰보던 종이사전이 된다. 이제는 웹사전이 보편적이라 좀 어색하더라도 종이사전이라는 말을 써야 의미가 선명해진다.

용어 정의는 건조해야 한다. 더 이상 뺄 단어가 없을 때까지, 더 이상 추가할 단어가 없을 때까지 고민해서 정의를 내려야 한다. 그렇게 건조시킨 용어는 하나의 벽돌이 된다. 이 벽돌을 어떻게 쌓아서 지식과 학문으로 만드느냐는 그 다음 단계다. 일단 벽돌 자체가 견고해야 하며, 이를 위해서는 분석과 건조화라는 두 과정을 지속적으로 거쳐야 한다.

한 가지 대상에 두 가지 이상의 명칭을 사용하거나 자의적인 명칭을 부여하는 것은 말하자면 다른 규격의 벽돌을 사용하는 것이다. 다른 규격의 벽돌로 건물을 지으려면 접착이 잘 되는 형태를 찾거나 새로운 접착제를 찾는 등의 불필요한 작업을 계속 해줘야 한다. 다시 말해서 다른 이들과 논의를 진행할 때마다 용어를 맞춰나가야 하는 번거로운 상황이 뒤따르는 것이다. 여러 가지 명칭들로 하나의 대상을 지칭한다면 그것은 자연 언어일 수는 있지만, 학술용어일 수는 없다. 사전의 정의가 건조해야 하는 이유, 특히 학술용어는 극도로 건조해야 하는 이유가 여기에 있다. 해당 학계의 주요 구성원들이 합의한 명칭과 정의가 있어야 이후 논의가 가능해진다. 비판을 하든 옹호를 하든 혹은 보완을 하든 공통되는 무엇인가가 있어야 그 지점에서 다음 단계로 넘어갈 수 있기 때문이다. 그러므로 자신들의 학술용어사전을 만들지 못한 학계라면 아직 전근대 상태에 있다고 해도 좋다. 심지어 사전학회에서도 여전히 누구는 '말뭉치'라는 용어를 쓰고, 누구는 '코퍼스'라는 용어를 쓴다. 사전을 연구하는 사전학자들이 모인 학회에서 용어가 통일되지 않는 이 상황은 진정 희비극이라 할 만하다.

정의된 용어를 어떻게 배열할 것인가. 사전 역사의 한 분기점이 된 것이 바로 이 배열의 문제였다. 이전의 사전은 개념을 모은 뒤 편찬자가 정한 기준에 따라 분류해서 묶은 것이었다. 하지만 이 기준들은 대부분 자의적이었으며, 보편적이지 않았다. 편찬자의 세계관이나 입장에 따라 전혀 다른 배열을 취했다. 종교가 중심이 되었던 중세와 이성이 중심이 된 근대의 기준은 당연히 달라야 했다.

서구에서는 로버트 코드리Robert Cawdrey의 『알파벳 순서로 된 목록A Table Alphabeticall』(1604)이 처음으로 알파벳 배열을 따른 영어사전이었다. 이후 알파벳 순서는 근대적인 사전의 보편적인 기준으로 자리 잡았다. 누구나 ABC 순서만 알면 원하는 내용을 찾아볼 수 있었고, 그 위치에 없으면 그 사전에는 없다는 뜻이었다. 가치 판단이 개입된 유형 분류보다는 누구에게나 쉽게 설명할 수 있는 객관적 기준이 최종적으로 살아남은 것이다.

알파벳 순서에도 나름 복잡한 사연이 있다. 영어에서 사용하는 알파벳이 26자로 확정되기까지도 긴 시간이 걸렸고, 영어 철자법이 지금처럼 확정된 것도 그리 오래된 일이 아니다. 『옥스퍼드 영어사전Oxford English Dictionary』(OED)을 찾아보면 지금과 너무나 다른 철자들로 이루어진 영어 문장이 가득하다. 이 사전은 단순한 어학사전이라기보다는 역사사전이기 때문이다. 나는 이 책을 필요한 부분만 보고는 현기증이 나서 얼른 덮었다. 우리의 가나다순도 현재의 꼴을 갖추기까지 오랜 시간이 걸렸고, 남과 북 사이에는 아직까지도 차이가 있다. 북은 초성의 'ㅇ'을 인정하지 않고 종성의 'ㅇ'만을 인정한다. 종성의 'ㄲ'과 'ㅆ'의 순서도 다르다.

초성(19자) ㄱ ㄲ ㄴ ㄷ ㄸ ㄹ ㅁ ㅂ ㅃ ㅅ ㅆ ㅇ ㅈ ㅉ ㅊ ㅋ ㅌ ㅍ ㅎ

A
Table Alphabeticall, con-
tayring and teaching the true
writing and vnderſtanding of hard
vſuall Engliſh words, borrowed from
the Hebrew, Greeke, Latine,
or French, &c.

With the Interpretation thereof by
plaine Engliſh words, gathered for the
benefit and help of all vnskilfull perſons.

Whereby they may the more eaſily and
better vnderſtand many hard Engliſh words,
which they ſhall heare or read in Scriptures,
Sermons, or elſe where and alſo be made
able to vſe the ſame aptly themſelues.

Set forth by *R. C.* and newly correƈted,
and much inlarged with many words
now in vſe.

The 3. Edition.

Legere, & non intelligere, neglegere eſt.
As good not to read, as not to vnderſtand.

L O N D O N:
Printed by *T. S.* for *Edmund Weaver*, and are
to be ſold at his ſhop at the great North
dore of Paules Church. 1613.

로버트 코드리의 『알파벳 순서로 된 목록』 속표지.

중성(21자)　ㅏ ㅐ ㅑ ㅒ ㅓ ㅔ ㅕ ㅖ ㅗ ㅘ ㅙ ㅚ ㅛ ㅜ ㅝ ㅞ ㅟ ㅠ
　　　　　　ㅡ ㅢ ㅣ

종성(27자)　ㄱ ㄲ ㄳ ㄴ ㄵ ㄶ ㄷ ㄹ ㄺ ㄻ ㄼ ㄽ ㄾ ㄿ ㅀ ㅁ ㅂ ㅄ
　　　　　　ㅅ ㅆ ㅇ ㅈ ㅊ ㅋ ㅌ ㅍ ㅎ

『표준국어대사전』의 한글 자모 순서

초성(18자)　ㄱ ㄴ ㄷ ㄹ ㅁ ㅂ ㅅ ㅈ ㅊ ㅋ ㅌ ㅍ ㅎ ㄲ ㄸ ㅃ ㅆ ㅉ

중성(21자)　ㅏ ㅑ ㅓ ㅕ ㅗ ㅛ ㅜ ㅠ ㅡ ㅣ ㅐ ㅒ ㅔ ㅖ ㅚ ㅟ ㅢ ㅘ
　　　　　　ㅝ ㅙ ㅞ

종성(27자)　ㄱ ㄳ ㄴ ㄵ ㄶ ㄷ ㄹ ㄺ ㄻ ㄼ ㄽ ㄾ ㄿ ㅀ ㅁ ㅂ ㅄ ㅅ
　　　　　　ㅇ ㅈ ㅊ ㅋ ㅌ ㅍ ㅎ ㄲ ㅆ

북한의『조선말대사전』의 한글 자모 순서

　　남북은 또 두음법칙에서도 큰 차이가 있기 때문에 사전
에서 '여자/녀자'의 위치도 달라질 수밖에 없다. 이런 미묘
한 요인들 몇 가지가 겹쳐 남북한 사전의 단어 배열에는 상
당한 차이가 있게 되었다. 이를 통해 언어가 사람들의 삶과
얼마나 밀착되어 있는지 새삼 확인하게 된다. 남과 북의 땅
에 갈라져 살고 있는 사람들의 일상만큼이나 사전의 단어
배열까지도 분단의 영향 아래 있는 것이다. 물론 이는 종이
사전일 때의 얘기지 웹사전에서는 큰 문제가 되지 않지만
말이다.

　　다시 사전은 무엇인가라는 문제로 돌아가 보자. 처음에

는 지식의 각주에 불과했을 용어의 정의가 다듬어지고 분류되어 하나의 체계를 이룬 것이 바로 사전이다. 사전은 보편적인 체계 속에서 학문을 제대로 이해하게 도와주는 나침반이자 학문의 토대를 단단하게 만들어주는 벽돌이 되었다. 사전과 학문은 서로 보완하면서 발전해왔다. 검색의 시대로 접어든 이후 사전은 처음에는 검색의 뼈대 역할을 하다가 어느새 검색에 흡수되어버렸다. 사전은 그 물성이 해체되고 온라인 어딘가로 녹아 들어가기 시작했다. 녹아서 사라져버릴지, 아니면 다른 형태로 바뀌어갈지는 시간이 더 지나봐야 알 일이다. 지금 사전이 어디에 있는지 우리는 아직 잘 모른다.

지금부터 책과 사전이 어떻게 기술과 만나 검색이 되었는지를 이야기해보려고 한다. 사전의 미래가 어떤 모습이어야 할지에 대한 사회적 합의가 아직 형성되지 않은 지금, 사전은 무엇이고 검색의 시대에도 왜 사전을 계속 만들어야 하는가를 이야기하는 것은 꼭 필요한 일이다. 본질을 알기 위해서는 역사와 유래를 살펴보는 것이 가장 빠르다. 먼저 동서양의 대표적인 사전들이 발전해온 과정을 통해 사전의 본질에 다가서 보자.

한자사전, 2000년 역사의 정교한 체계

한중일 삼국의 공통 문자가 한자였기 때문에 '한자사전'이
라고 적었지만, 내가 여기서 말하고자 하는 것은 현대의 중
국어사전이나 한자 어휘를 담은 사전이 아니다. 한자 한 글
자 한 글자의 뜻을 담은 사전, 즉 자전字典을 이야기하는 것
이다. 옛날에는 한자사전이면 모두 옥편이라고 부르던 때
도 있었지만, 여기서는 그보다 보편적인 명칭인 한자사전
이라 부르도록 하자. 한자사전은 크게 자서, 운서, 훈고서
로 나뉜다. 요즘의 어감으로 말한다면 어학사전, 라임사전,
용어사전(백과사전)으로 보면 된다.

　먼저 자서는 우리가 주로 쓰던 한자사전으로, 글자의
음, 훈, 의미, 용례 등을 다룬 사전이다. 대표적인 자서로는
『설문해자說文解字』(2세기)와 『강희자전康熙字典』(1716)을 들 수
있다. 『옥편玉篇』(6세기)은 고야왕顧野王이 편집한 사전으로,
마치 제록스가 복사기의 대명사가 된 것처럼 자전의 상당
수가 옥편이라 불리곤 했다. 한국에서 많이 사용되던 옥편
의 하나인 『자전석요字典釋要』(1909)는 종두법으로 잘 알려진
지석영池錫永이 편집한 것이다.

　운서는 선비들이 주로 쓰던 사전으로 한시를 지을 때
반드시 지켜야 하는 운, 특히 각운을 맞추기 위해 사용하던
것이다. 글자들이 운에 따라 분류되어 있다. 운서의 대표적

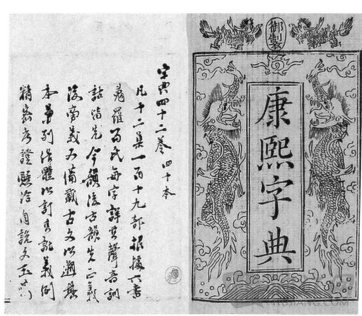

중국 청나라 때 만들어진 『강희자전』은 『설문해자』 이래의 역대 자전을 집대성한 것으로, 오늘날 쓰이는 한자사전의 체계를 정립했다.

인 예로는 『절운切韻』(601)과 『홍무정운洪武正韻』(1375)을 들 수 있는데, 이 책들은 이후 많은 운서들의 원형이 되었다. 한국에서는 『규장전운奎章全韻』(1796)과 『전운옥편全韻玉篇』(정조 연간)이 많이 읽혔다.

훈고서는 백과사전 형태의 사전으로, 개념에 대한 설명을 담고 있긴 하지만 뚜렷한 기준에 따라 모았다기보다는 당장의 필요에 의해 조각조각 나뉘어 있는 지식들을 집대성한 성격이 강하다. '물명고物名考'처럼 해당 개념들의 명칭만 분류하여 나열한 것도 많았고, 나중에는 기이한 이야기나 야담을 모아놓은 책들도 꽤 있었다. 여러 고전들의 각주 모음으로 생각해도 될 정도였다. 훈고서의 원형으로는 『이아爾雅』(BC 2세기 이전)를 꼽는다. 이후 유명한 훈고서로는 중국에는 『태평광기太平廣記』(978)나 『책부원귀冊府元龜』(1013) 등이, 한국에는 『대동운부군옥大東韻府群玉』(1589)이나 『임원경제지林園經濟志』(1842) 등이 있었으나 당대에는 많이 읽히지 못했고 현대에 다시 조명되고 있다.

한자사전은 옛날 것이고 변화가 없으며 종종 고루하다는 느낌을 준다. 중국이나 일본과 달리 우리는 한자를 일상어에서 노출시키지 않아 더 그러할 것이다. 이를 이해하기 위해서는 '술이부작述而不作'이라는 말을 생각해볼 필요가 있다. 풀어서 설명할 뿐 새로 만들지 않는다는 뜻으로 『논어』에 나오는 공자의 말이다. 비슷한 뜻의 더 알려진 말로는 '온고지신溫故之新'이 있다. 옛것을 곱씹어 새롭게 한다는 말이다.

이 말은 이후 한자 문화권에서 학문의 성격을 결정하게 된다. 옛 사람들의 책이 훌륭하니 괜히 어설픈 것을 새로 만들지 말고, 그것을 갈고 닦는 것을 학문의 방법론으로 삼자는 것이었다. 그러다 보니 소량의 고전이 다수의 학자들에 의해 지속적으로 연구되었고, 창작보다는 해석과 주석 위주로 학문을 하게 되었다.

한자가 그 옛날에 형태가 고정된 뒤로 마오쩌둥毛澤東의 간자체 보급 이전까지 큰 변화가 없었던 것처럼, 한자사전도 1900년 전 허신許愼(?58~?147)의 부수법部首法이 정착한 이후로 인터넷 시대 이전까지 큰 변화 없이 유지되었다. 이것은 꽤 놀라운 일이다. 왕조 시대의 퇴행성을 탓할 수도 있겠으나 또 그만큼 합리적으로 만들어졌기 때문이라고도 볼 수 있다. 여러 한자들 사이의 공통적인 요소에 '부수'라는 이름을 붙인 뒤 그것을 기준으로 한자를 배열하고, 같은 부수 안에서는 획수에 따라 배열하는 방식은 현대적인 잣대로 보아도 충분히 합리적이다. 한중일의 식자층은 조선 시대까지 서로의 말을 몰라도 한문이라는 동북아 공통의 문장 체계로 의사소통이 가능했다. 최소 2000년 이상 그런 식의 교류가 이루어졌던 것이다. 퇴행적인 시스템이었다면 이렇게 오래 버틸 수가 없다.

한자사전 중에서 단어사전보다 낱자사전이 많이 활용된 것은 한문과 한자의 특수성 때문이다. 한자는 원래 한 글자가 한 단어인 경우가 많고, 새로운 개념이 나타나면 새로운 글자를 만들었다. 그 양이 더 이상 감당할 수 없는 수준에 이르러서야 두 자 혹은 세 자를 조합해서 단어를 만들었다. 그렇기 때문에 기본적인 개념들은 한자 하나로 된 것이 많고, 한자사전도 낱자 위주의 사전일 수밖에 없었다.

지금 우리가 사용하고 있는 많은 다음절 한자어는 대부분 근대화 과정에서 '만들어진 단어'들이다. 그중 다수는 일본인들이 서구의 개념을 번역하면서 만들었다. 이 한자 어휘들은 일제에 의해 폭력적으로 이식되거나 식민지의 자발적인 필요에 의해 수용되었다. 다시 말해서 현재 중국어와 한국어 한자어들의 상당수는 일본산이다.

중국에서 청나라 시대까지 편찬한 사전들 가운데 가장 방대한 규모는 『사고전서四庫全書』(1781)였다. 『사고전서』는 '천하의 서書를 수집한다'는 청나라 건륭제의 명으로 편찬된 중국 최대의 총서로 3400여 종, 7만 9000여 권에 이르렀으며, 경經·사史·자子·집集의 4부로 분류 편집되었다. 이 정도 되면 이미 참고도서라기보다는 전체를 집대성해 하나의 도서관으로 만들었다고 할 만하다. 여기에는 집대성의 의미도 있었지만, 사상 통제의 목적도 있었다. 당대의 권력이 유의미하다고 판단한 책들만을 골라 권력의 입맛

대로 수정해 재출간하고, 나머지 책들은 시간의 흐름 속에 묻으려고 했던 것이다. 실제로 『사고전서』가 만들어지던 시기에 많은 책이 금서로 지정되거나 불태워졌다. 『사고전서』는 분명 의미 있는 작업이었지만, 전근대적인 움직임이 극대화된 것이었지 미래를 향한 것은 아니었다.● 그리고 얼마 후 서구 세력이 들어오면서 모든 것이 달라졌다.

한편 일본의 한자사전 중에서 가장 압도적인 것은 『대한화사전大漢和辭典』(1960)이다. 모로하시 테츠지諸橋轍次가 책임 편집한 사전으로 당시까지 나온 자전으로는 규모와 깊이에서 최대 규모였다. 중국과 한국의 학자들은 이 저작물에 크게 자극받았으며, 이를 넘어서기 위해 각기 한자대사전 편찬 작업을 시작한다. 이후 타이완에서는 『중문대사전中文大辭典』(1962)이, 중국에서는 『한어대사전漢語大詞典』(1994)이, 한국에서는 『한한대사전漢韓大辭典』(2008)이 출간되는데, 이 모든 것의 시작은 『대한화사전』이었다.

영어사전, 시작은 미약하나 끝은 창대하였네

그리스 로마 전통을 '이교도'라고 간단히 정리해버린 중세 유럽의 가톨릭 문명에는 성서를 제외하고는 학문이라고 부를 만한 것이 별로 없었다. 당시의 학문은 신학과 실용적인 기술이라는 두 갈래로 크게 나뉘었다. 사전에 대해서는 별로 언급할 게 없다. 수도사들이 몇 권 안 되는 책을 서로 돌려보면서 여백에 용어 정리를 해두는 식으로 초기 단어장을 만드는 정도가 고작이었다. 그러다가 16세기나 되어서야 사전의 형태를 취한 것들이 나오기 시작했다. 『설문해자』와 비교해보면 1000년 이상 차이가 난다.

▼

최초의 본격적인 라틴어사전은 암브로시우스 칼레피누스Ambrosius Calepinus의『딕셔나리움Dictionarium』(1502)으로 이후 여러 형태로 번역 확장되어 라틴어-다국어사전의 원형이 되었다. 이후 영어를 비롯해 스페인어, 이탈리아어사전들이 비슷한 시기에 출현한다.

초기의 본격적인 영어 단어장 혹은 대역사전은 라틴어-영어사전을 기초 삼아 역으로 재구성한 것들이 많았다. 영어 표제어를 영어로 뜻풀이한 최초의 영어사전은 앞서 언급한 로버트 코드리의『알파벳 순서로 된 목록』으로, 2500개의 어휘밖에 안 될 만큼 부실한 내용에도 불구하고 100년 이상 유럽 지성계를 대표했다. 당시 라틴어-영어사전의 표제어가 2만 어휘 정도였음을 생각해본다면 영어가 라틴어에 비해 어떤 대접을 받았는지 능히 짐작할 수 있다.

초기의 영어사전들은 쉬운 어휘를 수록하지 않았다. 다들 알고 있는 내용을 아까운 종이 들여가며 굳이 기록할 필요를 느끼지 못했기 때문이다. 그러다 보니 거의 쓰이지 않는 어휘들이 지면의 상당 부분을 차지하게 되었다. 당시 사전 이용자들이 높은 수준의 지식인들이었음을 생각해보면, 아마 지식을 과시하려는 의도도 있었을 것이다. 이 쓰이지 않는 난해한 단어들 가운데 일부는 유구한 시간 동안 살아남아『옥스퍼드 영어사전』에까지 실려 있다.

사실 초기의 사전들은 참조용이라기보다는 오락용인

경우가 많았다. 신기한 단어들을 모아놓은 신기한 책인 것이다. 그 단어들의 다른 용례가 있는지는 그리 중요하지 않았다. 또 어떤 개념을 소개하기 위해 새로운 단어를 만들어 사전에 실었는데, 책의 저자들에게 선택되지 않아 결국 사전에만 남게 된 단어들도 있다. 그런 어휘들은 사전 밖에서는 단 한 번도 발견되지 않는다. 당시 새로운 개념을 표현하기 위해 새로운 어휘를 만드는 것은 흔한 일이었다. 셰익스피어가 만든 수많은 단어들은 그의 작품이 차지하는 압도적인 역사적 위상 덕분에 상당 부분 살아남아 현대 영어에서도 쓰이고 있다.

이후 일상어와 속어가 점차 사전에 수록되었고, 영어 자체에 대한 관심도 높아졌다. 그 과정에서 유독 두드러지는 이정표는 당대의 문호였던 새뮤얼 존슨Samuel Johnson이 후원을 받아 10년간 집필해 내놓은 『영어사전A Dictionary of the English Language』(1755)이다. 그는 어학사전에 표제어, 발음, 품사, 의미 풀이, 예문 등을 넣어 사전다운 구조를 구축했다. 일상어와 비속어가 사전에 실리기 시작한 시대의 영국 영어를 집대성한 사전이었다. 이 사전은 각종 문학작품에서 용례를 뽑아 만든 것으로도 유명한데, 당시 가장 읽을 만한 글은 문학이었고 문학의 문장은 모범적이며 모방될 가치가 있다고 여겼기 때문이다. 존슨 본인이 유명한 문인이기도 했다. 이후 존슨의 사전은 영어에서 일종의 규범 사전

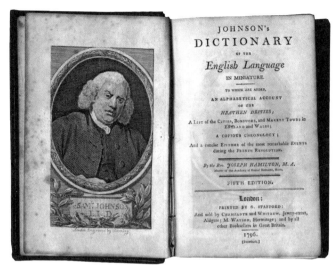

새뮤얼 존슨의 『영어사전』 제5판(1796). 초판은 1755년에 출간되었다.

역할을 했다.

　미국에서는 독립전쟁 직후인 1806년에 노아 웹스터 Noah Webster의 『간추린 영어사전A Compendious Dictionary of the English Language』이 나왔다. 웹스터는 미국이 영국에서 정치적으로 독립한 만큼 미국 영어가 영국 영어로부터 독립해야 한다고 생각했다. 이미 철자, 의미, 용법 등에서 영국 영어와의 차이가 너무 크다고 보았기 때문이다. 이후 그는 미국 영어에 천착하여 『미국 영어사전American Dictionary of the English Language』(1828)을 내놓았다. 당시 그의 나이는 칠순이었다. 사후에도 그의 이름은 사전의 대명사가 되었고, 지금도 '메리엄-웹스터'라는 브랜드로 영어사전이 출간되고 있다.

제국주의 시대의 영국에서 영어의 모든 것을 담겠다는 취지로 만들어진 『옥스퍼드 영어사전』은 1888년에 첫 권이 나왔고, 1928년에 완간되었다. 어원과 역사까지 다루고 있는 이 사전은 몇몇 개인이 만든 것이 아니라 다수의 편찬자와 자원봉사자들이 달라붙어 50여 년에 걸쳐 만들어낸 대사전이다. 이전의 사전이 영어의 모범을 보여주는 것이었다면, 『옥스퍼드 영어사전』은 영어의 역사를 담은 사전이었다. 즉 역사사전이면서 동시에 기술사전descriptive dictionaries이었다. 이 사전은 지금까지 계속 개정되고 있고, 여전히 영어에 관한 가장 방대한 사전으로 남아 있다. 또한 이후 일본, 독일뿐 아니라 한국의 『표준국어대사전』(1999)까지 대부분의 대사전에 영향을 주었다.

백과사전, 서구 합리주의의 총체

현대적 의미의 백과사전으로 첫 손에 꼽을 만한 것은 1728년에 나온 체임버스Ephraim Chambers의 『백과사전, 또는 기술과 과학의 일반 사전Cyclopædia, or an Universal Dictionary of Arts and Sciences』으로, 각 항목에 학자들의 논문을 수록하고 알파벳순으로 배열하였으며 상호 참조 방식을 채택해 이후 백과사전의 모범이 되었다. 이 사전은 다른 언어로 번역될 만큼 인기가 있었는데, 불어 번역 의뢰를 받은 사람이 바로 드니 디드로 Denis Diderot였다. 디드로는 그것을 불어로 번역하느니 새로 만드는 게 낫겠다 싶어서 동료들을 모아 1751년에 『백과전서Encyclopédie, ou dictionnaire raisonné des sciences, des arts et des métiers』 1권을 출간했다. 이를 통해 디드로는 백과사전의 성격을 바꿔놓았다. 정적인 지식의 집합에서 동적인 논쟁의 장으로 끌어올린 것이다. 편집장이었던 그는 권력이 불편해할 만한 내용들도 서슴없이 적게 했다. 그러다 신변에 위협을 느껴 박해를 피해 다니는 처지가 되기도 했다. 그는 후원자를 찾기 위해 유럽을 떠돌면서도 결국 전 35권을 완간해냈다.

지속적이고 광범위하게 배포된 백과사전은 『브리태니커 백과사전Encyclopædia Britannica』이다. 1771년에 초판이 나왔고, 현재와 같은 체계는 1911년의 11판에 와서야 갖추어졌다. 11판은 10판에서 보강된 내용까지 포함해 전체적으로 다시 쓰였는데, 당대 최고의 석학들이 집필에 참여했다. 1차 대전 이전까지 인류가 쌓아온 지식을 총체적으로 담은 11판은 중후한 문체로 집필되어 산문 자체로도 명문이라는 평가를 받았다. 집필의 대부분이 영국에서 이루어진 마지막 판본이기도 하다. 이후에는 판권이 미국으로 넘어가 현재까지 시카고에서 발행되고 있다.

또 하나 주목할 만한 판본은 1975년의 15판으로 개요

propedia / 대항목macropedia / 소항목micropedia 세 부분으로 구분해 서술한 것이 특징이다. 뿐만 아니라 찾기 쉽게 하기 위해 색인을 따로 두었는데, 이것은 지식을 어떻게 미분하고 또 어떻게 총체적으로 이해할 수 있을까에 대한 실험이었다. 이후 현재와 같은 소항목주의로 돌아가게 되지만, 지식을 계층적으로 이해하려 했던 15판의 시도는 기억되어야 한다. 한국어판은 1970년대부터 출간이 시도되긴 했으나 1994년에야 처음 출간되었다. 『브리태니커 백과사전』은 한국어 이외에도 10여 개 언어로 번역되었다.

　수학과 과학이 발전하면서 서구는 모든 것을 미시적으로 분석하기 시작했다. 동아시아가 '술이부작'의 세계관 속에서 옛것을 곱씹는 학문을 하고 있을 때 서구는 과학의 합리성으로 자연을 정복하기 시작했다. 그 합리성은 이후 일상생활에까지 영향을 미쳐 전제정치에서 민주주의, 제국주의, 사회주의 등으로 이동해나갔다. 서구 사전의 역사를 살펴보면 지적 역량의 성숙이 사전의 변화를 이끌었다는 것을 알 수 있다. 서구는 급속히 종교의 세계에서 합리의 세계로 이동했고, 이런 흐름은 계속해서 사전의 구조화와 양적 확대를 요구했다. 그렇게 해서 성립된 『옥스퍼드 영어사전』과 『브리태니커 백과사전』의 구조와 체계는 현대적 어학사전과 백과사전의 표준, 전범이 되었다. 그리고 현재 가장 많은 언어로 구축된 백과사전, 전 세계에서 가장 많은 사람들이 보는 백과사전인 위키백과는 서구 합리주의의 한 극치를 보여주며 성장하고 있다.

사전은 어떻게 만들어지는가: 종이 시대

2014년에 사전 편찬자의 일생을 다룬 영화 <행복한 사전>이 개봉해서 소소한 호응을 얻었다. 오다기리 조小田切讓와 마츠다 류헤이松田龍平라는 인기 남자 배우들이 주연을 맡은 영화였지만, 한국에서의 성적은 중간 정도였던 것 같다. 이 영화의 원작 소설인 『배를 엮다舟を編む』(2011) 역시 국내에 번역 출간되었다. 소재가 소재이니 만큼 번역되자마자 사서 읽었는데, 나에게 흥미로웠던 것은 어떻게 이런 소설이 베스트셀러가 될 수 있을까 싶은 일본의 문화였다.

일본인들은 그들의 국어사전, 우리 편의대로 부르자면 일일사전에 따로 이름을 붙인다. '민중 국어사전' 같은 방식이 아니라, '고지엔広辞苑(단어의 넓은 정원)', '다이지린大辞林(단어의 큰 숲)'과 같이 출판사의 지향점을 담은 이름을 별도로 붙여서 부른다. 그만큼 사전과 '단어(고토바言葉, ことば)•'에 애착을 가진 사람들이다. 『배를 엮다』 역시 사전이 어떻게

> 일본어의 '고토바'는 직역하면 단어, 어휘라는 뜻이지만 한국어의 '단어'와는 결의 차이가 있다. 그들은 고토바를 선조들의 혼과 전통이 깃들어 있는 영적인 것이라고 생각한다. 그래서 상대방에게 단순히 말을 하는 것과 고토바를 전하는 것을 구분한다. 진심을 한 단어에 압축해서 전달할 때 사용하는 것이 고토바다. 그래서 종종 언어, 말이라고 써야 할 곳에 고토바라고 쓴다. 우리가 '한글'이라는 명칭에 큰 의미를 두듯 그들은 고토바에 특별한 의미를 둔다.

만들어지는가에 대한 다큐멘터리라고 해도 될 정도로 충분히 조사하고 쓴 소설이다. 이 소설과 영화만 봐도 사전을 어떻게 만들어왔는지 대강은 이해할 수 있지만, 여기서 사전 만들기의 옛 모습을 좀 더 자세히 소개해보겠다.

모든 일이 그렇듯 사전을 만들 때도 기획이 필요하다. 무슨 사전을 만들 것인지 목적과 시장을 확정지어야 한다. '어린이를 위한 한국어사전'과 '제주어사전'은 완전히 다른 책이다. 그러므로 먼저 목적을 명확하게 한 뒤에 예산과 시장을 확인하고, 세부 성격을 규정해나가야 한다.

그다음에는 표제어를 결정한다. 어떤 항목을 사전에 싣는가는 사전의 성격을 그대로 드러내는 매우 중요한 작업이다. 무엇을 싣고 무엇을 배제하는가에 따라 사전의 성격이 상당 부분 결정된다. 또 사전은 일관성이 중요하기 때문에 어떤 기준이 있으면 그에 따라 다수의 어휘가 표제어로 실리기도 하고 빠지기도 한다. 편찬을 진행하는 동안에도 표제어의 숫자나 성격이 계속 변하기 때문에 한번 결정했다고 끝나는 것도 아니다. 표제어 결정은 사전 편찬의 벼리가 되는 핵심 절차다.

누구도 사전을 만들 때 맨바닥에서 시작하지 않는다. 옛 사람들이 만든 사전을 참조하면서 편찬자 자신이 필요하다고 여기는 요소를 보태어 기준을 만든 뒤 그 기준에 맞춰 일관되게 기술한다. 그 과정은 저술이기도 하고 편집이

영화 <행복한 사전>은 사전 편찬 과정을 충실하게 보여준다.

기도 하다. 기술하는 동안에도 계속 이전의 사전들을 참조하는 것은 물론이다. 나는 이것을 '온고지신 방법론'이라 부르고 있다. 이전에는 여러 사전을 오려서 항목 단위로 붙여놓고 함께 검토하곤 했다. 새로운 한국어사전을 만들기 위해 두산동아의 '먹다', 금성출판사의 '먹다', 시사어학원의 '먹다' 등을 함께 붙여놓고 비교하는 것이다. 이 작업만 해도 어마어마하다. 학생 때 보던 두툼한 사전에 보통 10만 어휘가 실려 있는데, 전체가 아니라 1만 개의 항목만 이렇게 정리한다고 해도 아찔할 정도의 업무량이다. 지금이라면 두산동아 사전, 금성출판사 사전, 시사어학원 사전을 한 화면에 동시에 띄워놓고 세 번 검색하면 되지만, 안타깝게도 그 시대에는 아직 웹사전이 없었다. 힘들어도 큰 종이에 여러 사전을 붙여놓고 검토하는 것이 최선이었다. 사전 만들기는 말 그대로 노역의 연속이었다.

항목의 비교, 검토가 끝났으면 이제 집필 원칙에 따라 집필에 들어간다. 말이 집필이지 사전은 언어학적 성과의 총체이기 때문에 정리하다 보면 별별 문제점들이 다 튀어나온다. 예를 들어 '이다'의 경우 학교 문법과 학계의 견해에 차이가 있다. 학교 문법에서는 서술격 조사라는 애매한 표현으로 넘어가는데, 몇몇 학자들은 '지정사指定詞'라는 별도의 품사를 부여하고 있다. 그것도 일부 학자들의 의견일 뿐이라 하나의 결론을 내서 집필하기가 쉽지 않다. 또한 복합어 가운데 어떤 것은 띄어 쓰고 어떤 것은 붙여 쓸 것인가 역시 학자들마다 이견이 있다. 이런 이견들 사이에서 편찬자는 자신이 옳다고 여기는 관점에 따라 입장을 꾸준히 정리해가며 사전을 기술할 수밖에 없다. 중간에 입장이 달라지면 앞서 작성된 항목들을 찾아 일일이 고쳐나가야 한다. 이렇게 작업을 하다 보니 사전 하나를 만드는 데 10년이 걸렸다, 50년이 걸렸다 하는 얘기가 나오는 것이다. 특히 우리가 별로 고민하지 않고 사용하는 고빈도 어휘들이나 기능어들('이다', '하다', '의', '는' 등)의 사용 양태는 천차만별이기 때문에 그 의미를 하나하나 잡아내는 것은 숙련된 편집자만이 할 수 있는 일이다.

그렇게 천신만고 끝에 원고를 작성한 뒤 집필자들끼리 교차 검토를 하고 교정을 본다. 교정은 5교에서 10교를 보는데, 이렇게 여러 번 보는 것은 오류가 있으면 다음 판을

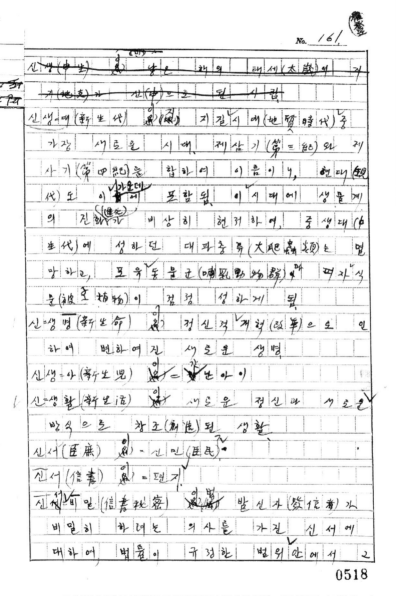

조선어학회에서 1929년부터 1942년까지 13년 동안 작성한 『조선말 큰사전』의 편찬 원고 가운데 'ㅅ' 항목이다(한글학회 제공).

인쇄할 때까지 고칠 수가 없기 때문이다. 말이 교정이지 집필을 100이라고 하면, 1회 교정은 최소 20~30 정도의 힘이 들어가는 작업이다. 즉 10교를 본다면 두세 번 집필하는 것과 비슷한 노력이 들어가는 것이다. 생각만 해도 기운이 쭉 빠진다. 이렇게 지난한 검토 작업을 끝내야 겨우 인쇄에 들어갈 수 있다.

앞서 언급한 영화 <행복한 사전>에서 가장 큰 위기는 교정 과정에서 어휘의 누락을 발견한 순간이다. 특정 어휘가 빠졌다는 것이 확인되면 전체를 재검토해서 어떤 유형이 누락되었는지 확인해야 하며, 종종 재집필 혹은 재편집까지 해야 하기 때문이다. 즉 전체 구조가 흔들렸는지 아닌지를 확인해서 보강해야 한다.

마지막 단계는 마케팅이다. 종이사전은 팔려야 읽게 할 수 있다. 중사전도 4~5만 원 수준이고, 대사전은 50만 원에 이른다. 만드는 노력에 비하면 결코 비싸다고 할 수 없지만, 독자들 입장에서는 쉽게 살 수 있는 책이 아니다. 게다가 대사전은 크고 두꺼워서 도저히 들고 다닐 수는 없고, 책상 위에 항상 펼쳐둬야 하니 이용하기가 쉽지 않다. 사전을 어떻게 팔 것인가. 정말 어려운 문제다.

새로 나오는 사전들은 선배 사전들을 참고해서 만들어진 주제에 제각기 선배들을 깎아내리며 자신들의 참신함을 주장한다. 서점에 가보면 사전들마다 띠지에 여러 가지 홍보 문구가 적혀 있다. 하지만 자세히 읽어보면 별 실체가 없는 말들이다. 고만고만한 금액에 별 차이 없는 크기라면 사실상 완전히 차별되는 사전을 만드는 건 어려운 일이다. 어지간한 장점으로는 사람들에게 자랑하기 어려우니 종종 무의미한 표제어 숫자 경쟁에 나선다. 10만 표제어! 20만 표제어! 사실 엉성하게 작업한 20만 표제어보다는 제대로 만든 5만 표제어가 훨씬 도움이 된다. 하지만 사용자들이 보기에는 5만보다는 20만이 4배 이상 좋은 사전처럼 느껴지기 때문에 이런 카피를 남발하는 것이다. 그 외에 얼마나 많은 신어를 반영했는가, 얼마나 다양한 방언을 실었는가 등 신규 수록어의 규모를 자랑하기도 한다.

어쨌거나 각종 역경을 뚫고 인쇄하여 서점에 배포까지 하면 일단 사전의 한살이는 돌았다고 할 수 있다. 사전은 끝없이 개정되어야 하는 운명이므로 편찬자들은 이미 다음 판을 위한 작업에 착수한 상태다. 만드는 과정에서 수많은 오류를 발견해뒀기 때문에 무엇을 고쳐야 하는가는 사전 편찬자의 머릿속에 다 들어 있다. 또다시 앞서와 같은 작업을 하면 된다. 그사이에 인력의 변동도 생기고 예산이 끊기기도 하는 등 여러 가지 고난이 있지만, 일단 그것들은 잊기로 하자.

사전은 어떻게 만들어지는가: 디지털 시대

종이사전을 너무 과거의 유물로 묘사한 것 같다. 사실 종이
사전도 이미 1960년대부터는 컴퓨터와 통계학에 기반해
과학적인 방법으로 만들어지기 시작했다. 다시 말해서 우
리가 실제로 쓰는 언어 중에서 유의미한 규모로 언어 샘플
을 채취한 뒤 계량화해 사용한 것이다. 그 샘플을 일일이
분석하면 일상 언어를 통계적으로 반영한 결과를 볼 수 있
다. 이것을 '말뭉치 언어학corpus lingustics'이라고 부르며 현대
적인 사전이라면 말뭉치에 기반해서 만든 사전을 말한다.
한국에서는 1998년에 나온『연세한국어사전』이 최초이
며, 이후 만들어진『표준국어대사전』과『고려대한국어대
사전』(2009) 모두 말뭉치 언어학을 상당 부분 활용해서 만
들었다.

말뭉치 언어학은 특정 어휘의 의미가 어떻게 사용되었
는지 빈도와 분포를 살핀다. 예를 들어 '현대'라는 단어에
'modern'의 뜻, 대기업 브랜드, 역사학에서의 시대 구분 등
3가지 의미가 있다고 가정할 때, 그것들이 전체 말뭉치에
서 몇 번이나 사용되었고 그 용례는 어떤 문장에서 쓰였는
지 등을 일일이 셀 수 있다. 그러면 그 빈도와 분포에 기반
하여 사전 편찬자가 의미를 기술할 수 있다.

이전에도 사전 편찬자가 의미 하나하나를 면밀히 기술

하기는 했다. 하지만 무슨 근거로 이렇게 의미를 나누었는 가라는 질문에 명확한 답을 할 수는 없었다. 용례를 제시 할 수는 있지만 어디에 얼마나 사용되는지를 말하기는 어 려웠고, 그저 모국어 화자의 감에 따라 작업할 수밖에 없었 다. 하지만 말뭉치 언어학 이후로는 말뭉치에서 예문을 뽑 아 사전에 실을 수 있고, 몇 번이나 사용되었는지 숫자로 근거를 제시할 수도 있게 되었다. 즉 계량 화가 가능해졌다.° 발견하기 힘든 저빈도 사용례를 찾아서 사전에 제시하는 것도 가능해졌다. 이전에는 사전에 넣을 용례 를 찾기가 힘들어서 사전 편찬자가 직접 만드는 경우도 많았다. 그러다 보니 다소 억지스러운 예가 적지 않았는데, 더 이상 그런 예문을 만날 일은 없게 되었다.

한국의 공개된 말뭉치 가운데 대표적인 것은 '세종 말뭉치'이다. 국가 주도로 만들어진 데 다가 균형 말뭉치이기 때문에 꽤 참고할 만하 지만, 프로그래밍을 못하는 사람은 접근하기 어렵다. 이런 불편함 때문에 만들어진 서비 스가 '꼬꼬마 세종 말뭉치 활용 시스템 http:// kkma.snu.ac.kr/'이다. 말뭉치를 검색해서 원 하는 문장을 찾아볼 수 있고, 그것이 의미별 로 구분되어 있다는 점에서 강력하다.

말뭉치 언어학의 발전은 컴퓨터 성능의 발전에 의존한 다. 1961년에 '브라운 말뭉치Brown Corpus'가 만들어졌을 때는 100만 어절 규모였고, 책으로 출간이 가능한 수준이었다. 2001년에 만들어진 '영국 국립 말뭉치British National Corpus'는 10억 어절로 딱 100배 규모였다. 컴퓨터의 성능은 훨씬 좋 아졌지만, 말뭉치는 사람이 컴퓨터의 도움을 받아 일일이 속성을 기록해야 하기 때문에 규모가 커질수록 인력도 매 우 많이 필요하다. 이제 누구도 말뭉치를 인쇄할 생각은 하

꼬꼬마 세종 말뭉치 활용 시스템은 국가 예산으로 구축한 세종 말뭉치를 활용하기 위해 만든 웹서비스이다. 위의 예시처럼 사과의 두 가지 의미(과일, 잘못을 인정하고 용서를 빌다)를 구분하여 문장 검색이 가능하다.

지 않는다. 지금은 사실상 구글google이 색인한 인터넷의 모든 페이지가 일종의 말뭉치 역할을 하고 있다. 언어의 샘플을 다루는 수준이 아니라 언어 자체를 다루는 수준으로 가고 있다.

또 하나 사전에 큰 영향을 주고 있는 것은 집단지성이다. 인터넷 발달 이후 여러 사람이 하나의 문서를 공동으로 작업할 수 있는 '위키위키'를 기반으로 한 '위키백과Wikipedia'가 등장했다. 위키백과는 폭발적으로 성장하여 영어 위키백과는 이미 500만 표제어를 넘어섰다. 단순히 수치로만 비교할 수는 없지만 『브리태니커 백과사전』의 규모가 10만 표제어 정도였다는 걸 생각해보면 어마어마한 분량이라고 할 수 있다. 이런 엄청난 성공은 여러 외부 프로젝트로도 이어져 '위키 어학사전Wiktionary'과 '스타워즈 위키아Starwars Wikia' 등으로 계속 확대되고 있다.

불특정 다수의 비전문가가 작성한 문서가 전문가들의 정리보다 훌륭할 수 있는가라는 의문이 위키백과 등장 이후 지난 10여 년간 꾸준히 제기되었다. 그러한 비판이나 공격과는 별개로 위키백과는 지속적으로 문서의 질을 검토해왔으며, 집필자들에게 요구하는 수준도 높여왔다. 특히 참고문헌을 분명히 제시하라는 요구는 문서의 질에 강력한 영향을 미쳤다. 이러한 노력은 위키백과에 제기되는 수많은 의혹을 극복하는 주요 무기가 되었다. 그렇게 해서 영어, 독일어, 프랑스어, 일본어가 사용되는 인터넷 환경에서 위키백과는 가장 인정받는 참고문헌이 되었다. 구글 검색결과를 보면 다수의 검색어에서 위키백과 문서가 최상단에 올라온다.

이렇게 컴퓨터와 인터넷이라는 도구가 보편화되면서 이제는 여러 장소에서 여러 사람들이 사전을 편집할 수 있다. 예문도 인터넷에서 가져올 수 있으며, 인터넷 말뭉치를 검색해서 빈도와 분포도 확인할 수 있다. 이중언어사전이라면 예문을 제시하고 다른 이들의 번역문을 기증받아 예문 쌍도 만들 수 있다. 그뿐 아니라 불특정 다수가 사전을 읽고 제보해주는 오류들을 받아서 내용을 곧장 수정할 수도 있다. 이젠 고통스럽게 10번씩 교정을 보지 않아도 된다. 이전에 감당하기 힘들었던 많은 부분이 더 이상 제약이 아니게 되었다. 그럼에도 불구하고 사전은 여전히 막대한 에너지가 들어가는 책이다. 특히 학술적 개념의 정의라는 특성상 마무리는 사람이 해야 한다.

이제 사전 편찬자는 사전을 편집/집필하는 사람일 뿐 아니라 다수의 참여를 유도하는 기획자가 되어야 한다. 사람들이 공동 작업을 할 수 있도록 적절한 도구를 만들고 권한을 부여해야 한다. 개별 작업자가 올리는 결과물의 흐름을 측정하고 품질이 균질한지 파악해야 한다. 그 흐름 속에서 특정 요소를 발견하면 그것을 일반적인 형태로 만들어서 도구에 반영해야 한다. 그뿐 아니라 사전 이용자에게 어떤 내용을 주고 어떤 반응을 받아서 다시 내용에 반영할지도 결정해야 한다. 이전에 비해 적나라하게 들어오는 사용자들의 피드백은 사전의 품질을 측정할 때 가장 엄혹한 기준이 된다.

디지털 시대의 사전 편찬자는 이전처럼 고독하게 언어의 세계로 침잠하는 사람이 아니라 많은 이들과 떠들면서 언어가 끊임없이 기술될 수 있는 환경을 조성하는 사람이다. 지난 시대의 편집자들처럼 작업하면 그는 사전을 기술하는 사람일 뿐 사전 기획자나 편찬자라고 할 수 없다. 많이 달라진 것 같지만 다른 한편으로는 기시감이 느껴지기도 한다. 『옥스퍼드 영어사전』의 편집자 제임스 머레이Sir James Augustus Henry Murray는 예문 기고자들을 독려하기 위해 그들과 편집자들의 교류를 시도했다. 현대의 사전 편찬자도 웹상에서 최대한 많은 사람들이 어떻게 참여하고 기여할 수 있을지를 고민한다. 시대는 다르지만 둘의 일은 본질적으로 같다. 이전에는 종이로 작업했다면 지금은 컴퓨터로 작업한다는 것이 다를 뿐 사전 편찬자가 어떻게 불특정 다수와 협력 관계를 구축할 것인가 하는 문제는 변하지 않았다.

사전은 어쩌다 공공재가 되었나

종이사전이 죽고 웹사전의 시대가 왔다고 하면 제목 뽑기도 좋고, 직관적인 면이 있다. 하지만 그런 식의 단순화는 종종 문제를 피상적으로 만든다. 이 현상의 좀 더 깊숙한 곳을 들여다보면 '참고'라는 본질적인 행위가 놓여 있다. 참고의 정의에 대해 『고려대한국어대사전』을 '참고'해보면 첫 번째 의미는 이렇게 기술되어 있다. "어떤 자료를 살펴서 도움이 될 만한 것으로 삼음. 또는 살펴서 도움이 될

만한 재료." 다시 말해서 참고란 공부할 때 참고서나 사회
과부도를 보는 것, 여행을 하며 가이드북을 보는 것처럼 어
떤 자료reference를 살펴 하고자 하는 일에 도움을 얻는 일을
말한다. 이때 사용하는 참고서, 아니 더 정확한 표현인 공
구서工具書, reference work 중에서 대표적인 것이 종이 시대에는
사전이었고, 웹 시대에는 검색이다. 매체가 바뀌고 그에 따
라 참고의 방식은 바뀌었지만 '참고하기'는 여전히 계속되
고 있다. 아니, 검색엔진의 사용량을 보면 오히려 참고 행
위 자체는 예전보다 폭발적으로 늘었다고 말하는 편이 정
확할 것이다.

대다수의 사람들이 예전에는 사전을 펴놓고 참고하던
것들을 이제는 검색으로 해결하고 있다. 내가 쓴 영어 관용
구가 맞는지 확인하려면 구글에서 검색해보면 된다. 결과
가 많이 나오면 안심하고 쓸 수 있다. 개념에 대한 설명도
백과사전의 딱딱한 설명보다는 누가 블로그에 서술해놓은
것이 이해도 쉽고 편하다. 이렇게 검색은 기존에 사전이 해
오던 일들을 빠르게 대체하고 있다. 그렇다면 사전은 무용
지물이 된 것일까? 그렇지 않다.

검색 서비스들은 대부분 첫 번째 검색 결과로 사전을
내놓는다. 사전은 '최소한의 검색'이자 '검색 결과의 뼈대'
이기 때문이다. 사전의 내용은 주관이 거의 제거되어 정보
의 순도가 높다. 따라서 다른 것을 읽기 전에 사전을 읽으

면 짧은 시간에 내용의 대강을 파악하는 일이 가능하다. 그렇기 때문에 검색 결과의 상단 같은 '비싼' 영역에 사전이 나오는 것이다. 단지 이전에 사전이 시원하게 긁어주지 못하던 부분을 지금 검색이 긁어주고 있기 때문에 사전이 몰락하는 것 아닌가 하는 우려를 낳을 뿐이다.

다시 말해서 사전은 절대 없어지지 않을 것이며, 정보의 순도를 높이는 형식으로서 앞으로도 계속 의미 있는 콘텐츠로 남아 있을 것이다, 라는 건 내 바람일 뿐 실상은 그렇지 못하다. 의미 있는 콘텐츠로 남으리라는 전망 자체가 틀린 것은 아니지만 사전 자체로는 재생산이 가능할 만큼 돈을 벌지 못한다. 때문에 다수의 사전 출판사가 편집팀을 해체했고, 개정판이 나오지 못하는 상태가 10년 이상 지속되고 있다. 이것을 우리는 '사전의 위기'라고 부른다. 대책은 딱히 세우지 못하고 '위기'라는 말만 하고 있다.

한국어사전, 영어사전이 10여 종씩 나오던 다양성의 시대는 확실히 끝났다. 두세 종의 사전이 나오면서 그것들이 꾸준히 개정되는 정도라도 좋겠는데, 그조차 난제로 보이는 시대다. 한국어사전은 국립국어원이나 고려대학교 같은 곳에서 어떻게든 만들어내고 있지만, 영한사전만 해도 옥스퍼드나 콜린스 코빌드 사전의 번역판을 봐야 하는 실정이다. 그 사전들도 그다지 수익을 내지 못하고 있기 때문에 영미권에서 개정판이 나와도 때맞춰 번역이 안 된다.

영한사전의 최신 개정판 현황을 알아보았다.

사전 이름	출판사	최신 개정판 출간연도	비고
옥스퍼드 영어사전	Oxford University Press	2009년	『Oxford Advanced Learners' Dictionary』(제7판, 2005)의 번역본. 원서는 2015년 제9판 출간
콜린스 코빌드 영영한사전	교보문고	2007년	『Collins COBUILD English/Korean Advanced Dictionary』(제1판, 2006)의 번역본. 원서는 2012년에 제2판 출간
프라임 영한사전	두산동아	2008년, 제6판	
엣센스 영한사전	민중서림	2008년, 제11판	

　번역사전의 경우 영국에서 10년 전에 출간된 것을 번역한 것이 마지막이며, 국내에서 만들어지는 사전들은 새 책이 계속 나오긴 하지만 개정판이 아니라 실질적인 업데이트 없이 장정만 바꿔 씌운 경우가 대부분이다. 회사가 사전 편집팀 자체를 없애버린 상황이니 당연한 일이다. 한국인들이 가장 많이 보는 영한사전이 이 지경이니 다른 언어 사전은 말할 것도 없다. 종이사전의 개정 작업은 이제 멈췄다고 보면 된다.

　그렇다면 웹사전은 어떠한가. 대개의 웹사전이 종이사전에 뿌리를 두고 있다 보니 이전과 같은 대규모 개정 작업은 당연히 없다. 출판사도 안 하는 개정 작업을 인터넷 회사가 할 리가 없다. 시사영어사가 영어 학원과 출판사를 겸

하며 사전을 업데이트하고 있지만, 그 현황이 얼마나 체계적인지는 모르겠다. 웹에서 사용자들의 참여로 만드는 사전이 일부 있어도 현황 파악은 잘 되지 않는다. 그리고 이런 종류의 갱신은 유행어, 신조어 등을 단순히 추가하는 수준 이상이 되기 어렵다. 고빈도 사용 어휘들은 언어학적 지식이 있어야 추가적인 기술이 가능하다. 예전에도 어학사전의 최신 현황은 각국에서 전문가들이 자국어사전을 대규모로 갱신해나가는 것에 기댈 수밖에 없었지만, 이젠 그 성과를 중사전에 담아 학습에 이용하는 행위 자체가 사라지고 있다. 즉 『옥스피드 영어사전』이 새로 고쳐진다 해도 그 내용을 가져와서 한국의 영한사전을 개선하지는 않는 것이다. 예전의 체계가 깨졌지만 새로운 체계가 정립되지 못한 혼돈 상태. 그런 상황에서 사용자들은 자기가 찾는 단어가 웹사전에 없으면 이런 것도 없느냐며 화를 낸다.

개정되지 않는 사전은 곧 넘어질 것 같은 자전거와 같다. 계속 페달을 밟아야 앞으로 나아가는데 지금은 누구도 페달을 밟지 않고 '아직 넘어지진 않았네' 하며 지내고 있다. 사전을 만드는 데는 돈이 많이 필요하다. 세계적 명성을 지닌 『옥스퍼드 영어사전』이 70년(1857~1928), 그림 형제의 『독일어사전Deutsche Wörterbuch』(DWB)이 100년 이상 (1838~1961) 걸려서 겨우 완간했다. 긴 시간과 그에 따른 지속적인 투자가 없다면 사전 편찬은 불가능하다. 그런데 이제 사전으로는 돈을 벌 수 없다. 사전을 개정해야 한다는 것은 당위이고, 거짓말 좀 보태서 사전이 없으면 학문의 기초가 붕괴되는데 돈을 벌 수 없다면 어떻게 해야 할까?

사전은 이미 공공의 영역으로 넘어갔다. 누구의 것이라 말하기는 어렵지만, 없으면 살기 괴로워지는 것이 되었다. 누구의 것도 아니기 때문에, 혹은 언제든지 무료로 이용할 수 있기 때문에 누구도 거기에 돈을 지불하려고 하지 않는다. 이미 그렇게 되어버렸다면 우리는 사전을 공공재로 간주하고, 그에 걸맞게 대응해야 한다. 상대가 국가가 되었든 기업이 되었든 좋은 사전을 내놓으라고 요구해야 한다. 웅성웅성 떠들어서 국회의원이 사전 진흥법이라도 만들게 해야 한다.

물론 지금처럼 그냥 방치해도 어떻게든 사전은 만들어질 것이다. 사전 편찬자는 만들어진다기보다는 태어나는 것이며, 그런 개인들은 누가 시키지 않아도 세상 어딘가에서 혼자 그것을 만들고 있을 것이다. 과거에는 그런 개인들이 각자 흩어져 수십 년간 두꺼운 사전들을 만들었다면, 지금은 웹에서 만나 함께 위키백과 같은 걸 만들고 있다. 하지만 사전을 이렇게 우연히 나타나는 개인들에게만 맡겨두어도 될까? 그리고 그들이 만드는 위키백과 하나로 만족해도 될까? 사전을 하나만 봐서는 객관성을 유지할 수 없다. 다른 관점의 사전이 두세 종류는 있어야 객관화가 가능하다. 일반인들이 집단지성으로 만들어나가는 사전이 있다면, 전문가들이 학문적인 방법론으로 만들어나가는 사전도 있어야 한다. 이런 작업을 위해서는 체계적인 지원이 필요하다. 우리는 책임 있는 누군가에게 그 지원을 요구해야 한다.

위키백과와 개방형 사전

위키백과의 성공에 대해서는 지난 10여 년간 꾸준히 언급되어왔기 때문에 다들 그런 게 있다는 사실 정도는 알고 있다. 하지만 그것이 어떤 장치들에 의해 유지되고 있는가는 제대로 알려져 있지 않다. 위키백과에 대한 핵심적인 질문은 아마 '어떻게 불특정 다수가 편집을 해도 내용이 망가지지 않을 수 있는가'일 것이다. 위키백과에는 세 가지 장치가 있다. '최근 변경 내역recent changes', '역사 보기history(편집 내역 기록)', '토론방talk'이 그것이다.

　'최근 변경 내역'은 가장 최근에 편집된 내용부터 시간 순서대로 상위에 올라오는 것이다. 불특정 다수가 수시로 검토 혹은 감시할 수 있게 하는 장치다. 하지만 여기엔 어마어마하게 많은 양이 빠른 속도로 올라온다. 그것을 다 볼 수는 없다. 그럴 때는 '주시 문서 목록'만 보면 된다. 내가 만들었거나 관심 있는 문서들을 '주시 문서'로 체크하고 그것들이 어떻게 바뀌었는지만 확인하는 것이다. 그렇게 하면 자신과 관계있는 내용들을 지속적으로 관찰할 수 있다. 일종의 파놉티콘panopticon*이라고 볼 수 있다. 모두가 모두를 감시하는 체제.

'역사 보기'는 언제, 누가, 어떤 부분을 편집했는지 모든 기록을 남기는 것이다. 판별로 어떤 부분이 바뀌었는지 비교가 가능하다. 즉 '최근 변경 내역'을 보고 변화가 있다는 것을 파악한 뒤 '역사 보기'를 통해 그 내용을 확인하는 것이다. 변화가 바람직하다면 그냥 두고, 문제가 있다면 토론방에서 토론을 시작한다.

그 토론의 주체는 누구인가? 바로 보상 없이 희생하는 다수이다. 그들이 왜 움직이는가에 대한 답은 하나뿐이다. 위키백과가 인류 공동의 유산을 함께 만든다는 높은 이상을 공유하고 있기 때문이다. 여러 가지 활동이 이루어지는 다양한 위키위키에는 저마다의 동력이 있다. 위키백과에서는 이 높은 이상이 가장 강력한 동력이다. 편집을 통한 기여든 기부금이든 다들 자기가 편한 방법으로 기여를 하고 있기 때문에 광고 없이도 지속적으로 성장할 수 있다.

그럼에도 불구하고 불특정 다수가 개입하는 시스템이라 이런저런 문제들이 생기기 마련이다. 기술적인 문제는

제러미 벤담이 고안한 감옥의 감시 체계. 가운데 감시자가 있고 그 주변을 원형의 죄수 방이 감싸고 있는 구조로, 죄수는 감시자를 볼 수 없다. 서로가 서로를 감시하는 가운데 죄수의 불안감을 증폭시켜 일탈 행동을 막을 수 있다는 발상으로 고안되었다. 이 개념은 이후 CCTV나 인터넷 검열 등 신기술이 등장할 때마다 재발견되며 우리 사회를 해석하는 주요 키워드로 자리 잡았다.

프로그래머들이 모여서 해결하고, 분쟁이 생기면 관리자들의 도움을 받거나 타인들의 중재를 거쳐 합의에 이른다. 이 과정이 매우 지루하고 답답하기도 하지만, 다들 꿋꿋하게 해나간다. 번거롭지만 민주주의가 가장 좋은 방법이라는 걸 이 과정에서 배울 수 있다. 위키백과 공동체의 관리자 선거를 관찰해보면 이곳이 얼마나 치열하게 민주주의를 만들어나가는지 알 수 있다. 아무런 물질적인 보상이 없는 자리인데도 다들 자기 시간을 내서 열심히 일하겠다며 자발적으로 기꺼이 검증을 받는다. 이 검증은 때로 대한민국의 총리 인준을 위한 인사 청문회보다 훨씬 더 엄격하다. 이 모든 과정은 이들이 어떤 보상도 없이 참여하고 있기에 가능한 것이다.

이런 장치들이 있기 때문에 위키백과가 지속적으로 운영되고 성장하는 것인데, 사용자 참여를 통해 사전을 만들어보려는 많은 사람들이 종종 이 지점을 간과한다. 이 가운데 어느 하나라도 문제가 생긴다면 위키위키 시스템은 움직이지 않는다. 그만큼 매우 정교한 시스템이다. 그래도 좌절할 필요는 없다. 불특정 다수의 참여가 어렵다면 특정 소수가 만들면 되고, 최악의 경우 한 사람이 만들 수도 있다. 그 옛날 새뮤얼 존슨도 혼자서 10여 년간 집필하지 않았던가. 사전 편찬자들 중에는 편집의 일관성을 위해 누구의 도움도 없이 혼자 집필하는 스타일도 꽤 있다.

토론 연습장 환경 설정 베타 주시문서 목록 기여 로그아웃

위키백과
우리 모두의 백과사전

프로젝트 문서 | 토론

읽기 | 편집 | 새 주제 | 역사 보기 ★ 더 보기 ▾ | 검색

대문
사용자 모임
요즘 화제
최근 바뀜
모든 문서 보기
임의 문서로
도움말
기부

도구
여기를 가리키는 문서
가리키는 글의 바뀜
파일 올리기
특수 문서 목록
고유 링크
문서 정보

인쇄/내보내기
책 만들기
PDF로 다운로드
인쇄용 판

언어 ⚙

위키백과토론:외국어 고유 명사의 한글 표기

이곳은 위키백과의 **위키백과:외국어 고유 명사의 한글 표기** 문서를 위한 **토론** 문서입니다.

- 의견을 적으실 때는 물결 표시 4개(~~~~)를 쓰거나, 편집 창의 서명 버튼(🖊)을 눌러 **서명을 해 주세요.**
- 새로운 의견은 **가장 아래에** 적어 주세요.
- 위키백과에 처음 오셨나요? **위키백과에 어서 오세요!** 무엇이든지 물어보세요.

- **토론에서 지켜야 할 점**
- **좋은 뜻으로 보기**
- **위신 공격 금지**
- **새로 운 손님을 쫓아내지 마세요.**

목차 [숨기기]

1 띄어쓰기
2 홍의 편성 과정
  2.1 나눔 2
  2.2 현재의 홍의
3 홍의 재활용
4 통용 표기로 사용 가능한 부분이 너무나 모호합니다.
5 제목 변경
6 위키프로젝트에 따라 표기에 대한 방침을 개별적으로 정할 수 있도록
7 바깥 고리 관련
8 센카쿠/다오위타이
9 '전문 부야 용어'를 삭제해야 합니다
10 외국어 고유 명사만큼은 국립국어원이 아닌 공식 표기를 따라야 하는게 맞다고 생각합니다.
11 외국어 고유명사 중(영어 한정) 공식 한글표기가 없다면, 로마자 그대로 쓰는 것은 어떨까요?
12 상표명이나 고유명사의 로마자 존중
13 지침 명칭 재변경
14 통용 표기의 분리

지난 토론

역사1   역사2   역사3
역사4   역사5   역사6
역사7   역사8
- 이전 역사 1
- 이전 역사 2
- 이전 역사 4
- 이전 역사 4
- 이전 역사 5
- 사전창고

[   ] 과거 토론 검색

위키백과는 인류 공동의 유산을 함께 만든다는 높은 이상을 동력으로 꾸준히 성장하고 있다.

　어쨌거나 지금 전 세계적으로 위키백과가 인류 지식의 가장 강력한 기둥 역할을 하고 있고, 앞으로도 할 것으로 예상된다. 다만 나는 한 가지가 마음에 걸린다. 위키백과에 경쟁자가 없다는 사실이다. 불특정 다수의 비전문가가 만드는 사전이 있다면, 소수의 전문가가 만드는 사전도 있어야 한다. 비전문가들이 파고들기 어려운 지점을 다뤄주는 전문가들의 연합체가 만든 사전이 위키백과와 선의의 경쟁을 해야 한다. 하지만 전문가들은 돈도 비용도 많이 드

는 이 일에 아무도 뛰어들려 하지 않고, 적어도 지금까지
는 전문가들이 만든 백과사전이 위키백과에 완패하다시
피 했다.

위키위키 방식으로 위키백과의 대안 역할을 시도했던
사례들이 있긴 하다. 미국에서는 위키백과의 시각이 좌편
향이라며 '보수백과http://www.conservapedia.com/'가 등장했다. 애
석하게도 보수백과는 어떤 호응도 얻지 못하고 좌초하고
있는데, 주요 원인은 읽을 게 없기 때문이다. 그들 표현대
로 위키백과가 좌편향이라면 위키위키라는 방식 자체도
좌편향일지 모르겠다. 보상 없이 불특정 다수를 위해 타인
들과 일하는 방식이니 말이다.

한국에는 '엔하위키'라는 것이 있었다. 엔하위키는 흔
히 '오타쿠(혹은 오덕)'라고 불리는 B급 문화 마니아들이 모
여 자신들이 좋아하는 것을 정리하고 편집하며 성장했다.
그 과정에서 한국 사회의 사건 사고나 대중문화 전반을 가
장 잘 편집하는 곳으로 자리 잡았다. 연예인들에 대한 각종
가십, 인터넷의 패러디 문화, 사회적 이슈의 기승전결 등
사람들이 호기심을 느낄 만한 문서들이 빠르게 보강되었
다. 이곳은 위키백과에 비해 시스템적으로는 불안정했지
만 워낙 참여자들의 열정이 강했기 때문에 수많은 문제를
만들면서도 말 그대로 폭발적으로 성장했다.

엔하위키는 2015년에 발생한 저작권 관련 분쟁으로 참

여자들이 모두 이탈하는 상황을 맞았다. 처음부터 불분명한 저작권 정책을 가지고 있었고 시스템도 불안정했는데, 엔하위키 이상으로 속도를 개선한 일종의 복사본 '엔하위키 미러'의 활용도가 증가하면서 엔하위키와 미러 간의 저작권 분쟁이 발생한 것이다. 이후에도 엔하위키의 서비스 안정성이 제대로 확보되지 않아 몇몇 사람들이 엔하위키의 내용을 가져가 다른 위키를 만들었다. 그중에서 가장 성공한 것이 나무위키https://namu.wiki/이다. 나무위키는 엔하위키의 실패를 거울삼아 안정감 있는 정책을 펴나가고 있다.

이 일련의 과정을 통해 '편집 저작물'이라는 사전의 특성이 매체의 변화에 따라 함께 변화하고 있음을 알 수 있다. 사전에는 '저술'이 아니라 '편찬'이라는 표현을 쓴다. 선행 사전들을 참고할 뿐 아니라 여러 견해를 편집해서 만들기 때문이다. 즉 개인의 견해는 최대한 배제되는 것이 기본이다. 그럼에도 불구하고 너무 노골적으로 베껴서는 안 된다는 불문율이 있다. 종종 그 불문율을 깨고 마구잡이로 베낀 경우들이 있는데, 일부는 소송으로 연결되기도 했다. 그래서 편집 저작물이긴 해도 선행 사전에 조금 더 노력을 보탠다는 방식은 취할 수 없게 되었고, 다른 주체가 사전을 만든다면 바닥부터 새로 만드는 것이 일반적이라 할 수 있다.

하지만 웹상의 공동 저작물은 소유 주체가 없어야 장기적으로 분쟁이 발생하지 않기 때문에 위키백과를 비롯해 다수의 위키가 CC-SA Creative Commons Share Alike (저작자 표시-동일조건변경허락)라는 저작권을 채택하고 있다. 즉 엔하위키 내용을 그대로 옮겨와 나무위키로 만들 수도 있고, 영어 위키백과의 내용을 보수백과로 옮긴 뒤 그 내용을 편집해서 새로운 위키를 만드는 것도 가능하다. 그것을 더 좋게 만들어낼 이유와 에너지가 있느냐 없느냐의 문제일 뿐이다. 이제는 예전에 나온 사전과 내용이 너무 겹치는 게 아닐까 조심하며 편집할 필요가 없다. 그냥 기존 사전에서 부족하거나 잘못된 내용을 고쳐버리면 된다. 이는 사전 편찬의 가장 근본적인 변화 중 하나다. 웹의 시대가 되면서 사전은 저작권이라는 기존의 질서에서도 탈출하기 시작했다. 사전의 생명 유지 방식이 달라진 것이다.

위키백과의 편집 전쟁

사람들은 시스템이 마련되었다고 해서 그것을 그냥 이용해주지 않는다. 잘 갖춰놓았지만 아무도 이용하지 않는 시스템이 얼마나 많은가? 때문에 이용자가 많은 시스템이라면, 도대체 그들이 왜 거기서 그것을 이용하고 있는가에 대한 설명이 필요하다. 위키백과에는 왜 사람들이 몰리는 것일까?

1단계는 공명심 때문이다. 아니, 이런 좋은 취지의 학술 아카이브가 있구나, 나도 여기에 기여할 수 있을까 하는 마음에 시작한다. 2단계는 공동 작업의 즐거움 때문이다. 내가 만든 항목이 자고 일어났더니 한층 보강되어 있는 것을 보면 세상이 밝아 보인다. 나는 혼자가 아니구나, 나와 같은 생각을 하는 사람들이 어딘가에서 나를 도와주고 있구나 하는 생각이 든다. 3단계는 중독 때문이다. 눈에 걸리는 오류를 못 참는 지경이 되는 것이다. 링크가 안 걸려 있으면 링크를 걸어주고, 출처가 부족해 보이면 찾아 넣고, 문서가 '위키적'으로 편집되어 있지 않으면 '위키답게' 작업해야 마음이 편해지는 것이다.

이 중에서 가장 지속적인 것은 명분, 즉 공명심인 것 같다. 위키백과는 그 취지가 매우 이상적이고, 웹이라는 비교적 자유로운 공간에서도 유독 자유도가 높은 곳이다. 수많은 기여자들은 이곳에서 자유롭게 움직이며 '인류 공동의 지식'을 만들어간다는 이상으로 하나가 된다. 아무런 보상이 없어도 이러한 높은 이상, 명분만으로도 충분한 만족감을 느낀다. 뿐만 아니라 종종 그 안에서 유토피아적 자유로움까지 느끼기 때문에 사람들은 위키백과를 한다.

공명심이 강해지다 보면 자신의 주장을 관철시키려 하게 되는데, 이 것이 종종 편집 분쟁으로 이어진다. 웹에서 다른 사람의 글이 마음에 안 들면 보통 댓글로 시비를 걸거나 블로그나 게시판에 자기주장을 담은 새로운 글을 쓰지만, 위키백과에서는 그렇지 않다. 토론에서 살아남아 야 내가 기여한 부분이 문서에서 의미 있는 내용으로 남는다. 그래서 출처와 근거를 찾아 어지간한 연구자들 못지않은 수준으로 공부를 하곤 한다.

특정 주제로 한참을 싸우다가 다른 사람들에게 하소연을 하거나 관리자에게 읍소하는 이들도 있다. 하지만 관리자는 그저 관리 권한이 있는 이용자일 뿐이기 때문에 판결을 내릴 수 없다. 하다 하다 안 되면 투표로 넘어가기도 하지만 위키백과는 토론에 의한 합의를 중시하고, 투표를 필요악으로 보기 때문에 투표 만능주의로 빠지지는 않는다. 그래서 위키백과에는 '중재위원회'라는 조직도 있다. 일종의 합의체 의사 결정 기구로, 이 조직의 운영 방식은 계속 시행착오를 겪으며 실험 중이다.

나는 토론을 오래 하면 무엇 때문에 토론이 시작되었는지를 잊고 마는 사람인지라 긴 토론에는 웬만하면 개입하지 않지만 수년간 참여했던 토론이 하나 있다. 외국어의 한글 표기에 관한 원칙 수립이 그것이다. 국립국어원은 영화배우 'Leonardo DiCaprio'를 한글로 '리어나도 디캐프리오'라고 쓰도록 권고하고 있다. 언론 출판계에서는 상당수가 권고대로 쓰고 있다. 하지만 많은 이들이 여전히 '레오나르도 디카프리오'라 쓰고 있고, 인터넷상에서의 사용 빈도는 레오나르도가 리어나도보다 압도적으로 높다. 이에 관해 '국립국어원 권고파'와 '일반적 사용 빈도파'가 토론을 벌였다. 한국어 위키백과 초기에 국립국어원의 권고를 따랐기 때문에 많은 문서가 '리어나도'로 표기되어 있었지만, 3년간의 장기 토론을 거쳐 지금은 '레오나르도'를 쓰고 있다. 현재의 위키백과 총의는 해당 표제어의 사용 빈도를 체크하여 그것을 대표 표기로 삼는다고 합의된 상태다.

이렇게 각자 여러 가지 이유로 토론을 진행하며 자신의 의견을 관철시키고, 그 과정에서 최선의 결과를 이끌어내는 것이 위키백과의 방식이다. 종종 '토론을 위한 토론'도 꽤 등장하고, 다른 사람들의 관심을 끌기 위해서 돌출 행동을 하는 사람도 있지만 웹상에서 토론을 통한 합의를 배우기에 가장 좋은 공간이 위키백과라는 생각은 한국어 위키백과가 성장해온 지난 10년간 한 번도 바뀐 적이 없다.

3장

신이 내린
사전 편찬자들

사전 편찬자는 키워지지 않는다, 단지 태어날 뿐이다

위키백과 편집자들과 가끔 오프라인에서 만나 행사를 열거나 소모임을 한다. 도대체 어떤 사람이 위키백과 편집자로 정착하느냐를 서로 묻곤 하는데, 다들 하는 얘기가 똑같다. 대부분의 사람들이 위키백과에 대해 아무리 가르쳐줘도 이해하거나 익숙해지는 데 실패하지만 어떤 사람은 별로 안 가르쳐줘도 알아서 정착한다는 것이다. 즉 누군가를 '위키백과인'으로 입문시키려는 시도는 그다지 성공할 가능성이 높지 않으며 어딘가에 태어났을 그 사람을 발견하는 게 낫다는 뜻이다. 하지만 그 누군가를 발견하기 위한 방법은 딱히 없다. 우연하게 위키백과 편집자가 된 사람을 잘 맞아줘서 그가 순조롭게 정착하고, 나아가 중독되게 만드는 것이 위키백과 공동체가 성장하는 길이라는 결론 아닌 결론을 내렸다.

사전 편찬자의 역사를 살펴봐도 상황은 비슷하다. 어떤 사람들은 뇌 구조가 그냥 DB처럼 만들어져 있다. 그들은 누가 시키지 않아도 지식을 쪼개서 정리하고, 정리한 순서에 논리를 부여하려고 한다. 그런 사람들 중에서 지구력과 의지, 애착이 강한 사람들이 사전 편찬자가 된다. 앞서 '정철'이라는 사전 편찬자에 대해 고백적인 서술을 했는데, 그의 선배들 중에는 압도적인 존재감을 드러낸 경우가 꽤 있다. 그들의 삶은 그들이 만들어낸 사전과 함께 살펴볼 때 울림이 더욱 커진다. 이 선배들의 이름은 기억될 필요가 있기에 여기서 짧게 소개해보겠다.

드니 디드로와 『백과전서』

백과사전을 좋아한다면 피해갈 수 없는 이름이 드니 디드로다. 계몽주의 철학자라는 수식어가 항상 따라다니지만 그가 편집한 『백과전서』가 당대 학자들에게 충격을 주었다는 내용이 교과서에 나와 있을 뿐 어떤 충격을 주었는지에 대해서는 들을 기회가 없었다. 『백과전서』에 대한 언급보다는 불문학사에서 디드로가 차지하는 위치 혹은 디드로의 저술들이 후대에 미친 영향 등에 대한 자료가 더 많았다. 어디에는 문인 혹은 철학자, 또 다른 어디에는 백과사전 편찬자라고 적혀 있으니 그에 대한 궁금증은 더 커져갔다.

　디드로를 알아야겠다는 의무감이 커져가던 어느 날 그의 책 중에서 비교적 재미있어 보이는 『라모의 조카Le Neveu de Rameau ou La Satire seconde』(초고 집필 1762)를 집어 들었다. 작곡가 라모Jean-Philippe Rameau의 조카라는 인물을 등장시켜 당시의 유명 인사들의 행태를 비판하는 일종의 팩션faction인데, 평소에도 충분히 공격적이었던 디드로가 생전에 출간을 포기할 정도로 비판의 강도가 셌다고 하니 호기심이 들었다.

어떻게 다 읽긴 했지만, 읽는 과정이 너무도 고통스러웠다. 디드로의 글쓰기는 매우 산만하며 독자에게 자상하게 설명하는 배려 따위는 아예 없다. 게다가 18세기 파리의 살롱 문화와 그 주요 인물들에 대해 알지 못하면 전혀 읽어낼 수 없는 텍스트였기 때문에 디드로의 그 많은 책 중에서 그 책을 고른 건 정말 최악의 실수였다. 스토리가 있는『수녀La Religieuse』(1780) 같은 소설을 골랐다면 그나마 편안하게 읽을 수 있었을 것이다.

이후『백과전서』항목들의 일부가 번역되어 '백과전서'와 '미', '추' 등 디드로가 직접 저술한 것으로 알려진 내용을 읽을 수 있었다.『라모의 조카』의 악몽이 되살아나는 산만한 텍스트인 것은 마찬가지였다. 그는 지금의 백과사전처럼 사실을 기술하지 않았다. 처음부터 끝까지 주장과 논쟁들로 채웠다. 즉 백과사전은 어떠해야 하는가라는 얘기를 먼저 해버리고, 백과사전 얘기보다는 그때까지의 지식의 역사를 개괄하느라 지면을 다 써버리는 그런 유형의 저술가였다. 근거도 별로 제시하지 않는다. 바빠 죽겠는데 무슨 근거냐, 이런 느낌으로 글을 쓴다. 그의 저술 목록을 보면 그럴 만도 하겠다 싶을 만큼 방대한 양이다.『백과전서』의 항목들은 재미도 있고 자극도 주었지만, 이렇게 글을 마구 썼던 사람인데도 당대와 후대에 광범위한 영향력을 미

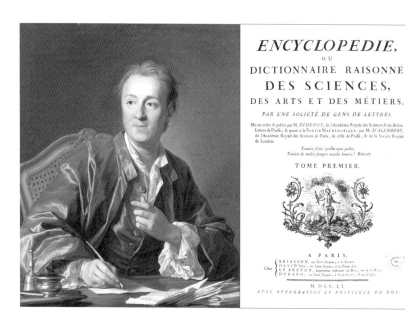

드니 디드로와 1751년에 출간된 『백과전서』 1권의 표지.

쳤다는 사실이 놀라웠다.

　디드로는 "내게 종교와 정부에 대한 침묵을 강요한다
면, 아무런 할 말도 남지 않을 것이다"(『회의주의자의 산책』)라
고 말할 정도의 비평가였으며 '모든 금지를 금지하라'는 태
도를 취하는 사람이었다. 그는 백과사전 편집자들에게도
그런 식의 자유로운 집필을 권장했다. 그 과정에서 편집자
들이 피해가는 주제가 있으면 본인이 맡아서 직접 썼다. 이
미 많은 책을 가명으로 출간한 그였기에 거침이 없었고, 어
떤 주제에 대해서도 말할 수 있는 교양인이라 쓰는 것은 문

제가 되지 않았다. 그래서 그는 늘 박해에 시달렸다. 그를 불편하게 여긴 정치인들과 종교인들이 그를 재무적, 신체적으로 구속하려 했기 때문에 그는 국내외를 들락거리며 글을 써야 했다. 지친 동료들이 『백과전서』 편집 일에서 멀어지자 결국 혼자 쓰다시피 해서 작업을 마무리했다.

최초의 근대적 백과사전이라고 평가 받는 『백과전서』가 막상 읽어보면 설명문보다는 논설문에 가깝다는 사실은 지금 우리에게 시사하는 바가 크다. 그동안 백과사전은 사실을 정리하고 기술하는 것에 중점을 두었다. 적어도 종이사전 시대까지는 그랬다. 하지만 웹사전의 시대로 넘어온 지금 인터넷의 즉시성을 생각했을 때 백과사전을 만드는 데서 토론이 배제된다는 것 자체가 말이 안 된다. 위키백과의 항목들을 살펴보면 항상 어딘가에서 첨예한 토론이 벌어지고 있고, 그 토론에서 합의된 내용들이 편집되어 실린다. 『백과전서』와 위키백과는 집필 환경은 많이 다르지만 토론과 논쟁이 편집의 전면에 있다는 점에서는 공통적이다. 『백과전서』 이후 대부분의 백과사전들은 거의 설명문에 가까웠다. 사전의 역사에서 토론 위주로 만들어진 예는 『백과전서』와 위키백과뿐이라고 해도 과언이 아니다. 『백과전서』는 토론 혹은 논설이 각 항목의 내용으로 그대로 남았고, 위키백과는 처음에는 토론이 전면에 드러나다가 서서히 설명으로 바뀌어가는 방식이라는 차이가 있지만 말이다.

웹사전의 '실시간성'이 가장 극명하게 드러난 사례로 위키백과의 '후쿠시마 제1원자력 발전소 사고' 항목을 들 수 있다. 하루하루 원자로의 상황이 상세하게 정리되었으며, 언론에서 쏟아내는 기사들은 사실 확인조차 안 된 것들이 많았지만 위키백과에서는 정보의 진위 여부를 지속적으로 신속하게 검토해 내용을 갱신해나갔다. 그런 과정을 통해 해당 항목은 정부의 언론 통제 시도에서 벗어나 사실을 최대한 객관적으로 바라볼 수 있게 하는 문서로 성장했다. 위키백과는 서버도 세계 각지에 분산되어 있고, 작성의 주체가 없는 공간이므로 정부가 가장 통제하기 어려운 언론의 역할을 하고 있다. 중국에서 여전히 위키백과를 접근 금지 사이트로 막아둔 이유도 그 때문이다.

백과사전의 사회적 역할에 대한 디드로의 답은 명확하다. 할 것도 많은데 무슨 권력까지 신경 쓰고 그러냐, 그냥 쓰고 싶은 대로 쓰라는 것이다. 종교와 권력을 무시했을 뿐 아니라 상대가 기혼자인지 아닌지 가리지 않고 평생을 바람둥이로 지낼 만큼 자유분방했던 한 지식인이 지금의 우리에게 주는 교훈이다.

제임스 머레이와『옥스퍼드 영어사전』

『옥스퍼드 영어사전』은 모든 어학사전의 교황쯤 되는 위치에 있다. 이 사전이 출간된 시점은 영어가 세계어로 확산되기 직전이었고, 그 규모와 수준이 제국주의적 스케일의 대작이었기 때문에 영국인들이 영어에 대해 자부심을 느낄 수 있는 물리적인 근거가 되었다. 동화작가이자 언어학자인 그림 형제가 편집한『독일어사전』역시 이에 못지않은 대작이었지만 '독일어'라는 한계가 있었다.『옥스퍼드 영어사전』은 '영어' 사전이라는 특수한 조건 덕분에 이후 어떤 사전도 누리지 못한 지위를 줄곧 누려왔다. 문학에서 셰익스피어가 차지하는 위상과도 유사하다.

『옥스퍼드 영어사전』의 물리적인 현황을 파악해보자. 1989년에 나온 2판의 경우 20권, 2만 2000페이지, 5900만 어절로 한 사람이 작업한다면 입력만 120년, 교정 1회에 60년이 걸릴 분량이다. 전체 표제어는 62만 규모로 주표제어 30만 개, 복합어 16만 개, 구 17만 개 정도로 구성되어 있다. 2판에서 본문이 가장 긴 표제어는 'set'이었는데, 6만 어절에 430개의 뜻풀이를 포함하고 있었다. 물론 이 최장 표제어의 자리는 개정될 때마다 달라진다. 2000년엔 'make', 2007년엔 'put', 2011년엔 'run'이었다.『옥스퍼드 영어사전』은 끊임없이 성장하고 있는 사전이란 뜻이다.

그렇다면 이 사전을 만드는 데 왜 70년이나 걸렸을까? 1844년 트렌치 주교Richard Chenevix Trench에게서 새뮤얼 존슨의 『영어사전』만으로는 부족하니 더 좋은 것을 만들어보자는 얘기가 나왔다. 하지만 실제로 '미등재어 위원회Unregistered Words Committee'가 만들어진 것은 1857년이다. 성공회의 수장이었던 트렌치 주교는 엄청나게 바빴기 때문에, 젊은 허버트 콜리지Herbert Coleridge가 첫 번째 편집장이 되었다. 그는 1860년에 사전 편찬 계획을 세우고 1861년에 테스트 페이지 인쇄도 시도했으나 그해에 그만 결핵으로 죽어버렸다. 31세의 나이였다.

두 번째 편집장은 프레더릭 퍼니벌Frederick James Furnivall로 똑똑하고 열정적인 사람이었다. 그러나 그가 편집장을 맡았던 1861년부터 1870년 사이에 편찬 사업은 거의 멈춰버리는 지경에 이르렀다. 그의 성격이 너무나 급했고, 자원봉사자들의 적극적인 참여를 유도하는 데 실패했기 때문이다. 자원봉사자들은 훈련받은 사람도 아니고, 일관성 있는 편집자도 아니라는 것을 그는 간과했다. 그리고 급한 성격 때문에 편집 과정에서 중요한 것들을 자꾸 빠트렸다. 역량 부족을 절감한 그는 사임하고 후임자를 찾기 시작했다. 두 명의 후보에게 거절당한 끝에 결국 세 번째 편집장인 제임스 머레이를 찾아냈다.

이미 프로젝트가 시작된 지 20년이 지난 1878년에 일을 떠맡은 제임스 머레이는 처음엔 교사직을 유지하면서 편집에 참여했지만, 곧 일의 방대함을 깨닫고 전업 편집자가 되었으며 편집실도 새롭게 단장했다. 편집실에는 단순하게 '미스터 머레이, 옥스퍼드'라는 주소를 달았다. 전 세계 수많은 자원봉사자들이 작성한 문서들이 이곳으로 모여들었다. 이미 퍼니벌에게서 2톤 정도 되는 서류 뭉치를 넘겨받은 머레이는 그 모든 것을 기초 자료 정도로 간주하고 다시 편집해나가기 시작했다. 그렇게 해서 첫 번째 책이 1884년에 나왔다. A부터 Ant까지를 담은 책이었다.

『옥스퍼드 영어사전』은 영어의 역사사전을 지향했기 때문에 해당 용례의 최초 출현형을 찾길 고대했다. 이것은 내부에서 해결할 수 있는 문제가 아니었다. 그래서 머레이는 전 세계의 영어 독서인들이 즐겨보는 잡지에 카드를 끼워 보내기 시작했다. "이런 책에 이런 단어가 쓰인 적이 있다면 그 문장을 옮겨 적어 보내주세요"라는 문구와 함께. 그러자 용례가 담긴 카드가 전 세계에서 날아오기 시작했다. 그는 그것들을 '비둘기집'이라고 이름 붙인 가구에 ABC 순서대로 꽂아서 정리했다. 이는 오늘날 인터넷 상에서 UCCUser Created Contents 또는 UGCUser Generated Contents라고 불리는 방식과 집단지성을 활용했다는 점에서 상당히 유사하다. 『옥스퍼드 영어사전』과 위키백과가 유사한 방식으로 만들어졌다는 것은 놀라운 일이다.

▼

『옥스퍼드 영어사전』의 제1판과 편집실에서 작업 중인 제임스 머레이.

　　이런 자원봉사자들 중에는 유난히 열심히 하는 사람들
이 있기 마련이다. 포털 서비스에 있는 신고 기능도 대부
분의 사람들은 이용하지 않지만, 몇몇 사람이 열심히 이용
해서 활용도가 있는 것이다. 그들의 사용자 로그를 시간대
로 살펴보면 외출하거나 식사하는 시간을 제외하고는 하

루 종일 신고를 하는 경우도 있다. 그런 자원봉사자들은 회사에 도움이 되는 사람들이므로 특별히 관리할 필요가 있다. 『옥스퍼드 영어사전』의 편집 과정에도 그런 인물이 있었다. 바로 윌리엄 마이너William Chester Minor라는 퇴역 군인 이었다. 유독 정확하고 유용한 문장들을 수없이 보내주는 그에게 고마움을 느끼던 편집자들은 어느 날 그를 만나기 로 했다.

놀랍게도 마이너는 살인죄로 복역 중인 범죄자였다. 선 교사의 아들로 스리랑카에서 태어난 마이너는 학창 시절 을 미국에서 보낸 뒤 군의관으로 남북전쟁에 참가했다. 꼼 꼼하고 소심한 성격의 그는 의사직을 훌륭하게 수행했지 만, 전쟁의 잔혹함을 견디기 힘들어했다. 그러다가 아일랜 드계 탈영병의 얼굴에 '탈영병deserter'을 뜻하는 글자 D를 인두로 지지는 형을 집행하게 되었다. 바로 문제가 발생하 진 않았으나 전쟁이 끝난 후 그는 점차 정신이 이상해지기 시작해 더 이상 군 생활을 견딜 수 없게 되었다. 유복했던 마이너는 영국에 건너가 요양을 시작했는데, 패닉 상태에 서 누군가 자기 방에 침입하려 한다고 착각을 하는 바람에 그 사람을 총으로 쏴 죽이고 말았다. 정신병이 인정되어 최 종적으로 살인죄는 면했지만, 그 후로는 계속 정신병원에 수감된 상태였다.

수감 생활도 모범적이었고, 형편이 유복했기 때문에 그

는 정신병원에 개인 서재를 두고 필요한 책을 마음대로 주
문했다. 그렇게 지내던 중에 『옥스퍼드 영어사전』 편집진
이 예문을 수집하고 있다는 것을 알게 되었다. 충분한 교양
과 편집증에 가까운 집착, 그리고 책을 살 수 있는 재력이
라는 세 가지 조건을 모두 갖추고 있던 마이너는 예문을 보
내기 시작한다. 심지어 아무렇게나 닥치는 대로 보내는 게
아니라, 평소에 어휘별로 따로 정리한 색인을 만들어두었
다가 편집진이 요청하면 그 색인을 따라가 예문을 '꺼내주
었다'. 즉 자체적인 예문 DB를 종이로 구축해둔 셈이었다.
그런 마이너를 만나 머레이는 처음에는 충격을 받았지만
점차 그를 이해하게 된다. 걸어온 길은 달랐지만 두 사람은
모두 사전 만들기에 최적화된 사람들이었고, 그랬기 때문
에 만날 수 있었다. 계속 정신질환에 시달렸던 마이너는 지
나친 성욕에 지친 나머지 자신의 성기를 잘라버리기까지
했다. 그에게 책과 사전으로의 도피는 스스로를 구원하는
행위였을 것이다.

　마이너 못지않게 기여가 많았던 인물로 피체트워드 홀
Fitzedward Hall을 꼽을 수 있는데, 그 역시 무척이나 기인이었
다. 산스크리트어를 가르치는 교수였던 그는 다른 교수와
의 다툼으로 학계에서 거의 축출되다시피 했다. 그 일 이후
로 대인 기피 증세가 생겼지만, 『옥스퍼드 영어사전』 프로
젝트에 대한 이야기를 듣고 그 일을 돕기로 했다. 그는 20

년 이상 지속적으로 예문을 보냈다. 하지만 계속 은둔 생활을 한 탓에 머레이와 만난 적은 없다. 마이너와 홀을 보면 사전 만들기는 적절한 사람을 적절한 고독 속에 가둬야 가능한 일이 아닌가 하는 생각도 든다. 그래서 사전 편찬자는 만들어지는 것이 아니라 태어나는 것이라는 얘기도 있다.

그 외에 주목할 만한 기여자로 톨킨John Ronald Reuel Tolkien이 있다. 『반지의 제왕The Lord of the Rings』(1954)의 작가 톨킨 말이다. 그는 1년간 사전 편집실에서 일하며 특히 'W'에 속하는 어휘들을 다수 집필했다. 톨킨은 사전 편집실에서 일할 때 가장 많은 것을 배웠다고 회고한 적이 있다.

물론 가장 오랜 시간 꾸준히 이 모든 것을 끌고 나간 사람은 머레이였다. 그는 수많은 사람들에게 지속적으로 비전을 제시하면서 일관성 있는 집필이 이루어질 수 있도록 온갖 노력을 했다. 머레이는 자식들에게도 사전 일을 돕지 않으면 용돈을 주지 않을 정도로 모든 것을 쏟아 부었다. 자식들 중에서 두 명은 훗날 『옥스퍼드 영어사전』의 전업 편집자로 일하게 되었다 그러나 머레이는 완간을 보지 못하고 1915년에 사망했다. 『옥스퍼드 영어사전』의 초판은 1928년에야 세상에 나왔다.

풍석 서유구와 『임원경제지』

『임원경제지』의 번역자들을 만났을 때 한학 연구자들이 이렇게 유쾌할 수 있나 싶을 정도로 즐거운 분위기였다. 아마도 그들이 『임원경제지』를 진심으로 좋아했기 때문일 것이다. 그들은 서유구徐有榘가 적어놓은 대로 밭도 갈아보고 술도 빚어보면서 『임원경제지』가 이론만 얻어듣고 쓴 것이 아니라 서유구가 하나하나 직접 경험한 것들을 정리한 책임을 확인하며 번역하고 있었다. 그들은 인사동의 풍석원이라는 주점에서 『임원경제지』에 적힌 방법들로 빚은 곡주를 팔기도 했다. 풍석원의 풍석楓石은 물론 서유구의 호에서 가져온 것이다.

　조선시대의 백과사전 중에서 현재 학자들에게 주목받는 것으로 권문해權文海의 『대동운부군옥』과 서유구의 『임원경제지』를 들 수 있다. 조선 후기의 지적 역량이 축적되어 나온 두 결실인데, 중국의 것이 아니라 우리 것을 다루려고 했다는 점에서도 이전의 책들과 차이가 있다. 조선 후기 사회 전반에 걸쳐 일어났던 자주적인 흐름이 백과사전 편찬으로도 이어진 것이다.

　『대동운부군옥』이 역사서와 문집 등을 정리하고 재편집한 '인문 백과'였다면, 『임원경제지』는 시골에서 사람이 머물며 살기 위해 필요한 것들을 정리한 '생활 백과'였다.

서유구가 당대 최고 명문가인 달성 서씨 집안의 인물이고 할아버지, 아버지, 본인까지 판서, 정승, 관찰사 등 요직을 두루 맡았던 권세가 집안이었다는 것을 생각해보면 상당히 의외의 저작물이 아닐 수 없다. 그것이 가능했던 이유는 숙부 서형수徐瀅修가 순조 초년의 세도정치 와중에 정치적으로 몰락했고, 그에 연좌된 서유구 역시 벼슬길에서 축출되어 20년 가까이 야인 생활을 했기 때문이다. 서유구는 이런 절망적인 상황에서 어떻게 선비가 남의 손을 빌리지 않고 임원林園(시골)에서 삶을 영위할 수 있는가라는 문제의식

서유구의 초상.

으로 실용백과를 편찬하기 시작했다. 당시의 시대적 한계를 생각해보면 경천동지驚天動地할 발상의 전환이다.

이런 발상의 전환이 가능했던 것은 서유구의 남다른 집안 내력 때문이다. 할아버지 서명응徐命膺은 박지원과 북학파를 지원했고, 유가의 입장에서는 이단에 가까운 노자의 『도덕경』에 주석을 달 만큼 개방적인 인물이었다. 아버지 서호수徐浩修는 관상감 제조를 역임하면서 『동국문헌비고東國文獻備考』 「상위고象緯考」를 저술한 당대 천문학의 최고봉이었을 뿐 아니라 『해동농서海東農書』를 지은 실천적 지식인이었다. 또한 정조의 명을 받아 중국에서 당시로서는 세계 최대의 백과사전이라 할 수 있는 『고금도서집성古今圖書集成』을 입수해 가져왔다. 즉 서유구는 당시 조선인이 접할 수 있는 자료의 최대치에 접근할 수 있었고, 본인도 실학에 빠져 성장한 인물이었다. 게다가 그는 글을 지으면 수시로 박지원朴趾源에게 보여주고 의견을 구했다고 한다. 살아 있는 백과사전이 가까운 곳에 있었던 셈이다.

서유구는 정약용丁若鏞과 연배도 비슷하고 정조의 신임을 함께 받았으며 규장각에서 공부도 같이 했다. 정조가 낸 문제에 대한 답도 함께 제출해서 앞서거니 뒤서거니 하며 칭찬을 들었다. 정약용은 천주교 문제로, 서유구는 정치 투쟁에서의 패배로 20년 가까이 야인 생활을 했다는 점도 공통적이다. 정약용은 조선 학계의 거성으로 인정받고 있지만, 그의 가장 잘 알려진 저서가 『목민심서牧民心書』인 것처럼 그는 양반이 백성을 계도해야 한다는 관점에서 벗어나지 못했다. 하지만 서유구는 고담준론에 빠져 추상의 세계에 머물러 있던 양반의 삶에서 과감히 벗어나 자기 손에 흙을 묻혔다. 18년간의 유배를 마치고 환갑이 넘은 나이에 정계로 다시 들어온 서유구는 지방 관직을 맡아 자신의 이론을 실천할 기회를 얻기도 했다. 벼와 고구마의 다른 품종을 들여와 재배하고, 농장 관리 등의 실무를 맡아 이론과 실천을 병행했다.

『임원경제지』의 구성을 살펴보면 그 내용이 얼마나 실용적인지가 한눈에 들어온다.

* 「본리지本利志」 13권 : 농업 전반. 전제, 수리, 토양, 경법, 개간, 농기구
* 「관휴지灌畦志」 4권 : 식용식물, 약용식물
* 「예원지藝畹志」 5권 : 화훼류
* 「만학지晚學志」 5권 : 나무 기르기
* 「전공지展功志」 5권 : 방적, 염색
* 「위선지魏鮮志」 4권 : 천문 기상
* 「전어지佃漁志」 4권 : 목축, 사냥, 낚시
* 「정조지鼎俎志」 7권 : 음식, 조리
* 「섬용지贍用志」 4권 : 건축, 교통

* 「보양지葆養志」8권 : 양생, 섭생

* 「인제지仁濟志」28권 : 의술

* 「향례지鄕禮志」5권 : 의식 절차

* 「유예지游藝志」6권 : 독서, 서예, 그림, 악기

* 「이운지怡雲志」8권 : 차, 문구, 골동품

* 「상택지相宅志」2권 : 풍수, 택리

* 「예규지倪圭志」5권 : 유통, 교역

가장 많은 분량을 차지하는 「인제지」는 당대 의술의 결정체라는 평가를 받고 있으며, 『동의보감東醫寶鑑』보다 후대의 저술인 만큼 더욱 방대한 자료를 섭렵했다고 한다.

시대적 한계 때문에 『임원경제지』는 필사본만 있을 뿐 간행되지 못했다. 서유구는 죽기 전에 『임원경제지』가 후대에 전해지지 못할까 두려워했다. 다행히 후대에 전해지긴 했지만 『임원경제지』는 당대 사회를 바꾸지는 못했다. 디드로의 『백과전서』가 당대인들의 뇌리를 후려쳐 각성의 원동력이 되었다는 사실과 비교하면 안타까운 일이다. 서유구 덕분에 당대의 생활지식이 집대성되고 멸실될 뻔한 자료들의 상당수가 살아남아 우리에게 전해졌다는 사실만으로도 감사한 일이지만, 안타까움은 쉽사리 사그라지지 않는다.

건재 정인승과 『큰사전』

『우리말의 탄생』(최경봉, 2005)은 한반도의 사전 편찬 역사를 다룬 책이다. 그런데 왜 제목이 '사전의 탄생'이 아니라 '우리말의 탄생'일까? 그것은 사전 편찬이라는 행위가 해당 언어의 표기, 문법 등을 집대성해야 가능한 일이기 때문이다. 그리고 해당 언어의 사전 편찬사에서 의미 있는 첫 번째 사전을 만드는 과정은 대개 그 언어의 구조를 정리해나가는 과정과 겹쳐진다. 한국어에서는 조선어학회가 주축이 되어 만든 『조선말 큰사전』이 그랬다. 주시경周時經에 의해 한국어 문법의 근대화가 시작되었다면, 『조선말 큰사전』의 출간으로 그 근대화가 마무리되었다고 볼 수 있다.

하나의 언어가 체계를 갖추기까지는 얼마나 많은 일들이 필요한가. 띄어쓰기의 경우 복합어나 조사를 띄어 쓸지 말지 등을 정해야 했는데 복합어 띄어쓰기는 지금도 논란이 많다. 한글 모아쓰기와 풀어쓰기는 지금은 당연히 모아쓰기가 맞는 것 같지만, 당시 서구 문명에 압도당하던 상황에서는 알파벳처럼 풀어쓰는 게 더 좋아 보였기 때문에 오랜 논쟁이 있었다. 풀어쓰기는 실존적인 고민을 수반하던 문제였다. 우리말을 연구하는 모 선생님에게 10대 후반부터 5년 이상 매일 일기를 풀어쓰기로 쓰셨다는 얘길 들었던 기억도 있다. 한자 표기를 할 것인지 한글로만 표기

한글 풀어쓰기를 시도한 최초의 사례인 주시경의 『말의 소리』(1914).

할 것인지라는 문제도 있다. 처음엔 한자를 노출했지만 지금은 한글로만 표기하고 있다. 그 밖에 어근을 살려 표기할 것인지 발음에 충실한 표기를 할 것인지도 큰 고민거리였다. '생각하다'를 '생가카다'로 쓰지 않는 것처럼 지금은 어근을 살려 표기하고 있지만, 이 역시 초기에는 첨예한 논란이 있던 문제였다.

이런 많은 문제들을 정리해나가는 것이 한국어가 근대어로서 체계화되는 과정이었고, 그 과정에는 지석영池錫永, 주시경 등의 선구자들을 비롯해 수많은 국어학 연구자들의 노력이 있었다. 1907년에 설치된 국문연구소, 1910년 최남선이 설립한 조선광문회, 이후 조선어학회 등으로 이어지는 한국어 연구의 흐름이 바로 그것이다.

이러한 논쟁들이 정리되면 이론으로는 문법서가, 실천적인 지침으로는 사전이 만들어진다. 조선광문회에서 먼저 낸 것은 한자 대역사전인 『신자전新字典』(1915)으로, 주시경과 그의 제자 김두봉金枓奉이 주도해서 출간했다. 주시경은 다른 제자들과 함께 1911년부터 우리말 사전 말모이 작업을 시도했지만 1914년에 갑작스럽게 사망하고 말았다. 이후 작업자들이 흩어져 이 원고는 출간으로 이어지지 못했다. 이후 1927년 계명구락부啓明俱樂部(1918년 민족 계몽과 학술 연구를 목적으로 발족한 단체)에서 이를 인수하여 최남선의 책임하에 갱신 작업을 진행했다. 허나 2년도 못 가서 사실상 해산 상태가 된다. 이를 1937년에 조선어학연구회가 다시 이어받았으나 계명구락부의 연장선상에 있었던 탓에 역시나 오래 가지 못했다. 계명구락부의 후원자들 다수가 친일 행적을 보였으니 한계가 있는 작업이었다.

1921년 주시경의 제자들이 만든 조선어연구회는 사전을 출간해 한국어의 규범화를 이루겠다는 목표로 조선어사전편찬회를 따로 운영했다. 이들은 이극로李克魯가 독일 유학 후 귀국한 1929년부터 본격적으로 활동을 시작한다. 하지만 비용을 비롯한 여러 가지 문제로 역시나 오래 이어가지 못했다. 이후 조선어연구회가 1931년에 조선어학회로 확대되면서 1936년까지 한국어 어문 규범 정립에 역량을 집중했고, 1936년부터는 조선어학회가 조선어사전편찬회의 결과물을 인계받아 사전을 만들기 시작했다. 1942년에 『조선말 큰사전』의 초고가 완성되었는데, 그즈음부터 일제가 탄압을 강화했다. 사전 편찬의 직간접 가담자 33명을 내란죄로 몰아 기소했다. 기소 중에 이윤재李允宰, 한징韓澄이 건강 악화로 사망하고 다른 이들도 다수가 옥고를 치렀다. 재판은 1944년 10월에 시작해 1945년 1월에 끝났고, 이극로가 가장 긴 6년형을 받았다. 이후 상고와 기각이 오가던 중에 8월 15일 광복을 맞아 17일에 관련자 모두가 석방된다. 이러한 과정을 겪으며 그동안 만들었던 원고가 모두 사라졌다가 일부만 겨우 되찾게 된다.

마침내 『조선말 큰사전』이 출간된다. 1947년에 1권이 나왔고, 1957년 6권으로 완간되었다. 3권부터는 조선어학회가 한글학회로, '조선말 큰사전'은 '큰사전'으로 이름을 바꾸었다. 이 과정에서 일관성을 유지하면서 전체 원고를 재작성하는 책임을 맡은 사람은 정인승鄭寅承이었다. 최현배崔鉉培의 권유로 1936년부터 사전 편찬에 참여한 정인승은 이극로와 함께 편찬 과정의 전반을 책임졌다. 그는 자신이 권유해 함께 일하던 정태진丁泰鎭이 전쟁 통에 교통사고로 사망하고, 주요 구성원 중 한 명이던 김병제金炳濟가 월북하여 떠나버리는 아픔이 있었음에도 자리를 계속 지켰다. 결국 『큰사전』은 정인승이라는 개인에게 많은 부분을 의지해 완성되었다. 이 지점에서 『옥스퍼드 영어사전』을 완

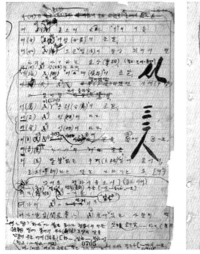

▲ 1957년 10월 9일 『큰사전』의 완성을 기념하여 찍은 사진. 앞줄 오른쪽에서 세 번째가 정인승이다.

▼ 조선어학회가 작성한 『조선말 큰사전』 편찬 원고(한글학회 제공).

▼

성해낸 제임스 머레이의 모습이 겹쳐진다.

사전을 만들려고 하는 사람 혹은 상황은 많고도 다양하지만, 그것을 해낼 수 있는 '그 사람'이 '딱 그 자리'에 있어야 만들어지는 것이 사전이다. 강한 의지를 가진 개인이 지속적으로 프로젝트를 끌고 나가지 않는 한 사전을 제대로 만들기란 불가능에 가깝다. 그런 점에서 사전은 역사가 만드는 것이기도 하지만 개인이 만드는 것이기도 하다.

『큰사전』은 말모이가 시작된 1911년부터 잡으면 완간까지 46년이 걸렸다.『옥스퍼드 영어사전』이 70년 정도 걸렸으니 아주 오래 걸린 것도 아니지만, 그사이에 수차례 조직의 와해와 옥고를 겪고 나라를 되찾기까지 했으니 한국 근대사의 축소판이라고 할 정도로 힘겨운 과정이었다. 월북한 김병제는 북한에서 1962년에 『조선말대사전』을 완성한다. '큰사전'이 남과 북으로 나뉘어 각각 하나의 대사전으로 만들어진 것이다. 이 역시도 한국사의 축소판이다. 이런 어긋남을 바로잡기 위해 남북이 함께 만드는『겨레말 큰사전』 작업이 2006년부터 진행되고 있다.●

『큰사전』이후 만들어진 한국어사전 중에서 한국어 화자들에게 가장 큰 영향을 끼치고 있는 것은『표준국어대사전』이다. 방대한 표제어 규모와 국가가 직접 만든 '국정 한국어사전'이라는 강점 때문이다.『표준국어대사전』이 가진 문제는 한두 가지가 아니지만 가장 결정적인 것은 국가가 내 언어 생활을 규정한다는 점이다. 국가가 표준어를 정의하면 다른 사전 편찬자들은 그 정의에서 벗어난 사전을 쓸 수가 없다.『표준국어대사전』과 왜 풀이가 다른지 사람들에게 일일이 설명해야 하기 때문이다. 즉 국정 사전은 재해석을 용인하지 않는 '규범 사전'이 되어버린다. 하지만 언중은 결코 규범에 따른 언어 생활을 하지 않는다. 아무리 국가가 '자장면'이라는 표기를 권장해도 언중들은 '짜장면'을 고집한다. 국가가 예산을 써서 50만 어휘의 대사전을 만든 예는 세계적으로도 드물다. 옥스퍼드, 롱맨, 라루스, 산세이도 등 당장 떠올릴 수 있는 사전 제작사들은 대개 대학이나 출판사이지 국가가 아니다. 끊임없이 변화하고 생성되는 언어를 국가가 정의하고, 그 정의의 사용을 권장하는 행위는 적절하지도 않고 달성하기도 불가능한 일이다.

송산 신기철과 『한국문화대사전』

사전을 죽을 때까지 만든 사람들은 좀 알려져 있지만, 사전을 만드는 도중에 쓰러져 죽은 사람은 드물다. 한국인 가운데 그런 사람이 한 명 있다. 바로 송산 신기철申琦澈 선생이다. 그의 이름을 알게 된 것은 사전의 역사를 공부하면서였다. 이희승의 『국어대사전』(1961)이 한국어사전계를 평정한 이후에 출간되긴 했지만 사전 시장에서 제법 존재감이 있었고 많이 읽히기도 했던 『새 우리말 큰사전』(1974)의 저자가 바로 신기철, 신용철 형제였다. 사전학계에서는 흔히 저자나 출판사로 사전을 구분해 불렀기 때문에 『새 우리말 큰사전』은 '신기철 사전'이란 이름으로 회자되곤 했다. 하지만 그의 이후 행적은 사전학 논문들에서도 별로 언급되지 않았다. 『한국문화대사전』이 2008년에 출간된 이후에야 편저자인 신기철 선생을 다시 언론에서 볼 수 있었다. 사전을 공부하며 익숙해진 신기철이라는 이름이 눈에 들어오자 호기심이 생겼다. 왜 이 이름이 다시 나온 것일까?

알고 보니 선생은 『새 우리말 큰사전』을 출간한 이후 20년이 넘도록 혼자 『한국문화대사전』 작업을 했다. 홀로 20년 넘게 사전 작업을 하다니, 보통 사람으로서는 상상조차 할 수 없는 일이다. 서유구가 『임원경제지』를 집필한 것은 무엇보다도 권력의 중심부에서 밀려났기 때문이다. 그의 심리 상태나 방법론과는 별개로, 그는 풍족한 양반이었기 때문에 어쩌면 느긋하게 시간을 낚고 있었을지도 모른다. 디드로는 정적들에게 쫓기며 작업을 했지만 항상 곁에 많은 사람을 두고 있던 인기인이었고, 주변에서 늘 무슨 일인가 터졌다. 그는 아마 심심하진 않았을 것이다. 제임스 머레이나 정인승은 오래도록 사전을 만들었지만 비교적 안정된 재원 혹은 함께 작업하는 동료들이 있었다. 하지만 신기철은 혼자 도서관과 집만 오가며 20년 이상을 보냈다. 출간이 가능할지 같은 건 따져볼 생각도 못 하고 자신의 모든 시간을 오롯이 사전 집필에 쏟아부었다. 그러나가 도서관에서 쓰러져 죽고 말았다.

오랜 시간과 노력을 들여 만들어낸 그의 사전을 보기 위해 나는 도서관을 찾았다. 온 삶을 바친 노작의 아우라가 책 밖으로 뿜어져 나오리라는 기대감으로 사전을 펼쳐 보았다. 그러나 한눈에도 전체적인 볼륨이 기존의 『민족문화대백과』보다 작았고, 내용도 주관적인 면이 많다는 생각이 들었다. 글이나 사진이나 오래되었다는 느낌을 지우기 어려웠다. 인터넷 시대 이전이었다면 한국 문화 아카이브로서 나름 의미가 있었겠지만, 인터넷이 보편화된 세상엔 이미 그보다 더 많은 양의 정보가, 더 보기 좋은 형태로 곳곳에 자리하고 있다. 펼쳐보자마자 이런 생각이 들었다.

'아, 내가 옆에 있었다면 그분께 다른 작업 하시자고, 이

송산 신기철과 그가 20년간 혼자 집필해 완성해낸『한국문화대사전』.

거 오래 가기 힘들다고 말렸을 것을……'

그 이후로 유독 그 어떤 사전 편찬자보다 신기철 선생 생각이 많이 났다. 그의 고독과 사명감은 나로서는 도저히 가늠이 되지 않았다. 게다가 그의 시간과 에너지가 너무나 안타까웠다. 하지만 시간이 조금 더 흐르자 생각이 달라졌다. 앞서 적었듯 사전 편찬자들은 모두 길든 짧든 고독한 시간을 거쳤다. 출간은커녕 후대에 남기만을 바란 사전도 많았고, 출간을 원했지만 기회조차 갖지 못했던 사전도 드물지 않다. 결국 중요한 건 만들어내고야 말겠다는 정신과 끝까지 가는 의지이지, 결과에 의해 정신이 흔들리는 것은 아니라는 생각이 들었다. 다음은 『한국문화대사전』에 나온 저자 소개를 요약한 것이다.

> 송산松山 신기철 선생은 1922년 춘천생이다. 춘천고에 재학 중이던 1938년 항일 결사인 상록회 사건으로 일제에 구속되어 2년 6개월간 옥고를 치렀다. 1948년 연세대 국문과를 졸업한 뒤 성균관대 교수를 거쳤다. 『표준국어대사전』(1958, 을유문화사), 『새 우리말 큰사전』(1974, 삼성출판사)을 출간해 한국어사전계에 반향을 일으켰다. 『한국문화대사전』은 1975년에 집필을 시작해 2000년에 탈고했으나 한동안 출간할 곳을 찾지 못했다. 선생은 2003년에 LA의 한 도서관에서 자료 수집 도중 쓰러져 사망했다. 『한국문화대사전』은 2008년에 STX 장학재단의 지원을 받아 한울터에서 출간되었다.

위키백과와 지미 웨일스

위키백과의 설립자 지미 웨일스는 백과사전 편찬자나 전문 연구자의 길과는 그다지 관계없는 삶을 살았다. 하지만 적시에 적절한 선택을 해서 불특정 다수가 함께 만드는 백과사전의 초기 리더가 되었기 때문에 결과적으로 백과사전의 역사에서 디드로와 함께 가장 중요한 인물이 되었다. 볼수록 흥미로운 인물이다.

지미 웨일스에 대해 어떻게 서술하는 것이 좋을까 고민하다가 한국어 위키백과의 내용을 내가 직접 보강해서 그대로 실어도 괜찮겠다는 생각이 들었다. 위키백과는 CC-SA 정책을 취하고 있으므로 출처를 명시하고 이 부분은 누구나 가져다 써도 된다는 것만 밝히면 상업적 이용도 가능하다. 아래는 내가 영어와 일본어 위키백과를 참조해 한국어판 위키백과를 보강한 내용이다.

지미 웨일스

지미 도널 "짐보" 웨일스(Jimmy Donal "Jimbo" Wales, 1966년 8월 7일~)는 미국의 인터넷 사업가로, 2001년에 무료 인터넷 백과사전인 위키백과를 설립한 인물로 널리 알려져 있다. 위키백과는 사용자 간의 창조와 협동 그리고 공유의 촉진을 목표로 하는 웹 2.0의 유행에 기여하면서 큰 성공을 거두었다. 그는 위키백과의 빠른 발전과 세계적인 호응에 힘입어 설립한 재단인 위키미디어재단 이사회의 일원이며 2004년에는 개인 소유로 무료 위키호스팅 서비스를 제공하는 위키아를 설립했다.

어린 시절

지미 웨일스는 1966년 8월 7일 앨라배마 주 헌츠빌에서 태어났다. 아버지는 식료품점을 운영했다. 그는 어린 시절 어머니 도리스와 할머니인 엘마가 운영하는 작은 사립 초등학교 '하우스 오브 러닝'에 다녔다. 학교가 매우 작았기 때문에 그와 친구들은 무엇을 배울지 자유롭게 선택할 수 있었다. 지미 웨일스는 지적 호기심이 강하고, 독서에 집중하는 아이였다.

웨일스 자신의 말에 따르면 '하우스 오브 러닝'은 몬테소리의 교육철학을 따르는 곳이었으며 자신과 친구들은 브리태니커와 월드북 백과사전을 보면서 정말 많은 시간을 보냈다. 1~4학년이 함께 배웠고 5~8학년이 함께 배웠다. 그는 성인이 된 후 현행 공교육 시스템에 대해 비판적인 발언을 하곤 했다.

1979년 지미는 사립 고등학교 '랜돌프 학교'에 갔다. 형편에 비해 학비는 비쌌지만 지미의 부모는 헌츠빌의 공립학교보다는 그곳이 교육의 질이 더 나을 것이라 생각했기 때문이다. 랜돌프 학교 시절 지미는 컴퓨터실에서 많은 시간을 보냈다. 1980년대 후반에 지미는 대학에 갔고, 대학에서 인터넷을 사용하기 시작했다. 그는 앨라배마 주 오번 시의 오번 대학교에서 1989년 재무학 학사학위를, 앨라배마 대학교에서 1991년 재무학 석사학위를 받았다. 대학원 시절 그는 머드게임에 빠져들었고 그 안에서 이미 대규모 집단 협업의 잠재적 능력을 확인하기도 했다.

시카고옵션거래소와 보미스

대학원 시절 그는 강의도 했지만 박사과정을 마치지 않은 채 1994년 시카고옵션거래소Chicago Options Associates에 취업했다. 그는 대학원 공부가 지루했다고 말했다. 그는 초기 단계의 인터넷에 빠져들었고 쉬는 시간에 취미로 프로그래밍을 하기도 했다.

　이자율과 환율 추이 예측을 잘해 돈도 벌어놓았던 웨일스는 넷스케이프의 공유 소프트웨어 운동에 자극받아 인터넷 사업가가 되기로 했다. 1996년 닷컴 버블 와중에 두 명의 동업자와 함께 보미스라는 회사를 설립하는데 이는 남성 취향의 성인물을 검색해주는 포털 서비스였다. 그는 보미스를 잡지 「맥심」과 유사한 것으로 보았다. 이 회사는 그리 성공적이지 못했으나 이를 기반으로 지미 웨일스는 누피디아라는 백과사전을 만들었고 이것이 이후 위키백과로 발전한다.

위키백과

누피디아는 전문가 사이의 상호 리뷰에 기반한 백과사전이었지만 신뢰도에 집중한 나머지 갱신 속도가 느렸다. 당시 누피디아의 리뷰어 중 한 명이었던 래리 생어는 이런 병목 현상을 깨기 위해서는 불특정 다수에게 개방되어야 한다는 생각을 했고 웨일스에게 얘기했다. 웨일스 역시 이 생각에 동감했지만 누피디아 내부에서는 백과사전의 완결성이 훼손될 것을 우려한 다른 편집자들이 지지하지 않았다. 웨일스는 일단 누피디아 밖에서 작업해보기로 하고 래리 생어와 함께 2001년 1월 15일 위키백과를 설립한다. 이후 위키백과가 폭발적으로 성장한 덕에 그는 위키미디어 프로젝트의 아이콘이 되어 홍보와 강연자로서의 역할에 집중하게 된다.

　위키백과는 오픈소스 운동과 익스트림 프로그래밍의 영향을 받았다. 개방으로 협력을 유도하는 방식이며, '우리 모두의 백과사전The Free Encyclopedia'이라는 높은 이상을 슬로건으로 걸었다. 성장 속도는 폭발적이었고, 금방 소수의 인원이 감당할 수 없는 규모가 되었다. 그는 곧 위키미디어재단을 설립해 위키백과 이외의 다른 위키 프로젝트들과 위키백과의 엔진인 미디어위키가 개선될 수 있도록 했다. 어느새 수많은 프로젝트가 병렬적으로 진행되고 있었으며 전 세계적 위키 학술대회인 위키매니아도 매년 개최하게 되었다. 이 과정에서 지미 웨일스는 위키백과의 아이콘이 되어 언론에 노출되고 강연을 다니는 등 대외 활동을 수행했다. 그는 한국에도 3회 이상 방문하여 강연이나 행사에 참석했다.

그는 위키미디어재단이 위키백과의 모든 유무형 자산을 관리할 수 있도록 위임한 뒤 2006년까지 이사회 의장을 맡았다. 그는 위키미디어재단이 후원금을 모금할 때 자신의 얼굴을 배너에 넣어서 기부가 활성화될 수 있도록 했으며 위키백과에 기부하는 것을 "가장 멍청하면서 동시에 가장 똑똑한 행위dumbest and the smartest"라고 부르곤 했다.

2004년 위키 방식으로 새로운 비즈니스를 만들기 위해 그는 영리목적의 위키호스팅 서비스인 위키아를 설립했다. 위키아는 위키백과에 작성하기는 어렵지만 정리될 필요가 있는 것들을 체계적으로 쌓을 수 있도록 시스템을 제공했다. 이미 활성화되어 있던 스타워즈 백과사전인 '우키피디아'나 노래 가사 백과사전인 '가사 위키' 등에 시스템을 공급했다. 그는 2006년에 동성 결혼이나 환경 보호와 같은 정치적 문제만을 취급하는 '캠페인 위키아'를 개설했으며, 2008년에는 환경과 관련된 내용만을 다루는 '위키아 그린'을 개설했다.

개인사

그는 2005년에 영어 위키백과의 항목을 편집했다. 자신이 설립한 보미스가 성적인 콘텐츠를 다뤘다는 사실과 위키백과의 설립이 단독인가 공동인가라는 논쟁 부분을 자신에게 유리하도록 수정했던 것이다. 그 수위가 완곡했다 할지라도 위키백과는 이해 당사자의 직접적인 편집을 지향하지 않으므로 이것은 이후 문제가 되었다. 즉 위키백과의 설립자인 웨일스조차도 자신에 대한 편집을 마음대로 하지 못해, 그저 해당 항목에 자신이 그러한 시도를 했다가 문제가 되었다는 내용만 한 줄 더 보탤 수 있었던 것이다.

그는 스스로를 객관주의자이며 중도 우파라고 설명한다. 그는 "소수의 사람들이 모두의 돈을 쓸어 담아 부자가 되는 것은 옳지 않다는 말을 하기 위해 꼭 사회주의자가 될 필요는 없다"는 발언을 하기도 했다. 그는 무신론자이며 개인 철학은 철저하게 이성에 기반한다고 밝혔다.

그는 위키백과를 세계에서 가장 큰 백과사전으로 만든 성과를 인정받아 2006년 「타임」지가 선정한 세계에서 가장 영향력 있는 인물 100명 가운데 한 명으로 선정되기도 했다.

2010년 4월 폭스뉴스의 보도를 통해 '아동 성도착증', '롤리타 콤플렉스' 등 위키백과의 일부 게시물에 불법 포르노 사진이 실려 있다는 비판이 제기되자 웨일스는 재빨리 이 사진들과 포르노 논란 가능성이 있는 사진들을 위키백과에서 삭제했다. 그러자 관리자들이 "위키백과는 웨일스 개인의 소유가 아니다"며 집단적으로 반발했다. 반발이 커지면서 웨일스가 자신의 관리자 권한을 포기했다는 기사가 폭스뉴스를 통해 발표되었으나 곧이어 다른 언론사가 그의 권한에는 어떤 문제도 없음을 보도했다.

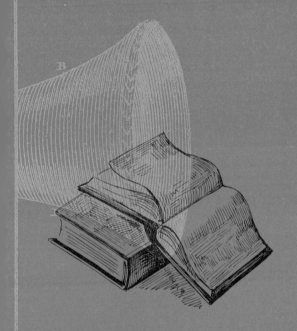

4장

검색,
사전을 삼키다

사전의 영역, 검색의 영역

앞서 이야기했듯이 사전이든 검색이든 참조 도구라는 점에서는 다를 바가 없다. 사전은 한정된 분량을 책에 담는 방식이고, 검색은 무한정한 분량을 웹에 담는 것이 다를 뿐이다. 그리고 당연하게도 상황은 무한이 유한을 포함하는 쪽으로 전개되었다.

한국의 초창기(1995~99년) 웹 검색에서 사전의 역할은 지금보다 훨씬 중요했다. 검색엔진의 기본 성능이 별로 신통치 않았고, 웹 문서 수집량이 적어서 검색 결과가 그다지 만족스럽지 않았기 때문이다. 사전은 찾아보기 위해 만들어진 책이고, 해당 주제에 대해 비교적 완결성 있는 내용을 담고 있으며, 단어 단위로 정리되어 있기 때문에 검색 결과로도 잘 걸려 나왔다. 게다가 편찬자가 선별한 정보들이므로 노이즈가 적고 깨끗하다. 검색 대상을 찾아다니는 검색엔진 회사 입장에서는 이만큼 검색해주기 좋은 자료도 없다.

그래서 검색엔진 회사들은 출판사와 제휴하여 사전의 내용을 검색해주기 시작했다. 처음엔 한국어, 영어로 시작해서 백과사전, 일본어, 중국어로 이어졌다. 급기야 2014년부터는 한국외국어대학교(이하 외대)에서 출간된 대부분의 사전이 DB로 만들어져 스와힐리어나 라틴어까지도 포털에서 검색이 가능해졌다. '네이버'와 '다음'이라는 두 포털 서비스가 서로 경쟁하는 바람에 세계적으로 유례가 없는 강력한 사전 서비스를 한국어 사용자들은 무료로 이용하고 있다.

이제 검색엔진들은 백과사전이 색인되어 있지 않더라도 어지간한 백과사전 기능 정도는 충분히 해낼 만큼 좋아졌다. 적어도 정보량이라는 측면에서는 그렇다. 뉴스, 블로그, 카페, 책 정보 등에서 다량의 검색 결과를 얻고 있으며, 많은 사람들이 궁금한 것들을 지식iN에 물어봐준 덕분에 생활 속의 궁금증도 검색으로 해결이 가능해졌다. 처음에 백과사전이 검색엔진이라는 자전거의 보조바퀴 역할을 했다면, 이제는 이 자전거가 보조바퀴 없이도 잘 굴러가게 된 것이다.

어학사전은 언어학적 전문성이 필요해 검색엔진만으로는 해결되지 않는 특이한 콘텐츠이지만, 그럼에도 불구하고 영어로 쓴 문장을 구글 검색창에 입력해 사용 빈도를 보고 적절한 표현인지 아닌지를 확인해볼 수 있는 수준은 충분히 된다. 자연 언어 처리 기술이 발전해 기계 번역도 상당히 높은 수준에 올랐다. 기계 번역은 사전에 거의 의존하지 않고 통계적 기법만으로 만들어진 것이다. 이래저래 검색엔진에서 사전의 뜻풀이와 예문은 점차 중요하지 않은 콘텐츠로 전락하고 있다.

그렇다고 검색에서 사전이 완전히 무의미한 콘텐츠가

한국의 유명 가수인 '설현'의 검색 결과와 영국의 1970년대 포크 밴드인 '스프리건스Spriguns'의 검색 결과이다. 스프리건스는 국제적인 인지도를 가진 밴드임에도 불구하고, 검색 결과는 이렇게 극명한 차이를 보인다. 특수한 학술용어나 전문용어를 입력했을 때 나오는 결과는 더할 것이다.

되지는 않을 것이다. 여전히 사전이라는 형식은 좋은 콘텐츠의 대명사이다. 정보의 순도를 극도로 높이고 건조한 문체로 작성되었기 때문에 2차적으로 활용하기에 가장 적합한 콘텐츠이다. 구글에서 영어로 검색어를 입력하면 제일 상단에 나오는 문서가 위키백과인 경우가 많은 이유도 정보의 순도가 높기 때문이다. 논문과 함께 사전이라는 형식은 인간이 지식을 축적하는 가장 정교한 체계로 여전히 기능하고 있다. 이 사실은 인터넷 등장 이후에도 변하지 않았다.

검색 서비스는 인물, 엔터테인먼트, 사건 사고 등에는 강하지만 학문이나 순수예술 분야에서는 약한 면이 많다. 아무래도 대중적인 검색어에 특화되어 있을 수밖에 없다. 반면에 사전은 여러 분야에 걸쳐 균형 잡힌 시각으로 작성된 문서다. 대중적인 콘텐츠에서는 정보량이 적지만 학문이나 순수예술 관련 콘텐츠는 다른 자료들에 비해 강하다. 업계 방식으로 말하자면 롱테일longtail 검색어에 대한 커버리지coverage가 넓다. 그렇기 때문에 검색 결과의 전반적인 품질 유지를 위해서도 사전은 상당히 중요한 콘텐츠라고 할 수 있다.

이어서 읽기 vs 넘나들며 읽기

각기 장단점이 있어서 둘 중에 무엇이 좋은지 단언하기 어려운 것들이 있다. 책을 읽을 때 앞에서부터 순서대로 읽을 것인가(이어서 읽기sequential access), 앞뒤를 오가며 읽을 것인가(넘나들며 읽기random access)의 문제도 그러한 경우라고 할 수 있다.

나는 대체로 저자나 역자의 후기, 서문부터 읽은 다음 마지막 장부터 거꾸로 읽어 나간다. 책을 앞에서부터 읽으면, 뭐랄까 수학 공부를 할 때 매번 집합만 보던 것과 비슷한 느낌이 들고 흥미가 생기지 않는다. 하지만 마지막 부분부터 읽어 올라가면 앞에선 무슨 얘기를 했을까 호기심이 생겨 읽는 데 속도가 붙는다. 언젠가부터 인내심이 떨어졌는지 호기심이 안 생기면 책장 넘기기가 힘이 들어 개발한 방법이다. 그러니까 나는 '넘나들며 읽기' 선호자이다.

내 친구 하나는 목차를 훑은 뒤에 앞뒤를 마구 오가며 눈에 들어오는 단어와 문장들 위주로 읽어 600쪽짜리 책을 두 시간 만에 끝낸다고 한다. 그 친구는 책이 좋은 이유가 정보 입력 속도를 자기 마음대로 조절할 수 있어서라고 했다. 반면에 극장에서 영화를 보면 정보를 입력하는 양이나 속도를 조절할 수 없으니 자주 졸게 된다고 했다. 그는 '넘나들며 읽기'에 최적화된 사람인지도 모르겠다.

고대 마야인들이 남긴 기록인 마드리드 코덱스madrid codex와 중국 청나라 시대에 만들어진
『손자병법』의 죽간본.

지금은 마음만 먹으면 누구라도 앞뒤를 넘나들며 책을 읽을 수 있지만, 이게 불가능에 가깝던 시대도 있었다. 예를 들어 죽간이나 파피루스는 두루마리로 되어 있어서 중간에 어딘가로 찾아 들어가는 것이 매우 번거로웠다. 이런 매체들은 맨 앞에서부터 죽 이어서 읽기에 적합하다. 이런 것들이 서구에서는 양피지, 밀랍 목판, 금속판, 종이 등을

묶어서 제본한 코덱스codex를 거쳐, 동북아에서는 채륜蔡倫의 종이 양산 이후 책이라는 형태로 자리 잡았다. 동서양 모두 얇고 평평한 것에 뭔가를 적은 다음 한쪽 모서리를 묶어 낱장을 하나하나 넘길 수 있는 모양을 취했다. 책은 문서의 집합이며, 책의 모양은 여러 문서를 보존, 참조하는 데 최적화된 형태다. 여기서 참조는 곧 '넘나들며 읽기'다. 이후에 책의 형식으로 자리 잡은 페이지 번호, 목차, 색인 등은 모두 '넘나들며 읽기' 기능을 극대화하기 위한 도구였다.

이렇게 만들어진 책의 형태가 지금까지 이어지고 있다. 그만큼 '넘나들며 읽기'라는 방식은 분산된 지식을 관리할 수 있는 형태로 만들어준 핵심 기술이었다. 개념은 단순하다. 지식을 순차적으로 정리한 뒤에 페이지 번호로 위치를 표시하고, 그것을 다른 종이에 모아서 적어놓는 것이다. 이것이 목차이며 목차는 개별 페이지를 가리키는 메타 페이지라고 말해도 좋다. 지도를 생각하면 이해가 쉽다. 지도는 물리적 지형을 도식화해서 종이 위에 압축적으로 표시한 것이다. 지형 전체는 손으로 쥘 수 없지만 지도는 손으로 쥘 수 있다. 마찬가지로 '넘나들며 읽기'는 지식을 정리한 다음 그 위치를 목차나 색인 등으로 한눈에 들어오게 정리해서 필요할 때 곧장 찾아 들어가는 방식이다.

검색에서도 '이어서 읽기'와 '넘나들며 읽기'는 경쟁하며 공존한다. 컴퓨터는 단순한 작업을 잘하는 기계이기 때문에 비교적 큰 문서에서도 앞에서부터 순차적으로 문서를 뒤질 수 있다. 이를 전문검색全文檢索, full text search이라 부르는데 말 그대로 문서 전체의 단어를 하나씩 비교해가면서 찾는 것이다. 처음부터 끝까지. 이걸 사람이 눈으로 훑어서 하면 시간이 오래 걸리고 놓치기도 쉽지만, 컴퓨터는 단숨에 정확하게 수행한다. 물론 문서의 양이 폭발적으로 늘어나 수십만 건, 수억 건이 되면 컴퓨터로도 다 뒤지기 어렵다. 구글처럼 세상의 모든 문서를 뒤지려는 야심이 있다면 이런 방식으로는 도저히 해결할 수 없다. 이럴 때는 조금 다른 정보 탐색 방법인 검색엔진을 이용해야 한다. 검색엔진이 문서를 수집, 분석, 색인하는 시스템은 꽤 복잡한 기술력을 요구하지만 대량의 문서를 미리 색인해두기 때문에 원하는 문서로 금방 찾아갈 수 있다. 검색엔진은 '넘나들며 읽기'의 한 방식인 색인을 극대화하여 빠른 속도로 이용할 수 있게 도와주는 장치이다.

다시 강조하자면 책은 원래 처음부터 끝까지 읽을 필요가 없다. 저자의 모든 의도를 차분하게 알고 싶다는 마음이라면 모를까, 독자에게 의미 없어 보이는 부분이 있다면 그냥 넘어가도 된다. 책이나 검색이나 모두 지식을 효과적으로 소비할 수 있도록 지식과 지식 사이를 점프해 가며 둘러볼 수 있게 해주는 도구일 뿐이다. 책은 발명되었을 때부터 이미 '넘나들며 읽기'를 위해 만들어진 매체임을 기억하자.

검색의 원리 1: 색인

검색은 도대체 어떻게 가능한 것일까? 어떻게 검색어를 입력하자마자 결과가 나올 수 있는 것일까? 0.37초 만에 1040만 개의 결과를 내놓다니 약간 사기처럼 느껴지지 않는가? 적어도 나는 좀 이상했다. 아무리 실력 있는 중국집이어도 볶음밥을 볶을 때 어느 정도 시간이 걸린다. 그 시간을 줄이기 위해서는 미리 만들어둔 볶음밥을 전자레인지에 데워서 가져오거나 아니면 식지 않게 온도를 계속 유지해줘야 한다. 나중에 알고 보니 그 생각이 맞았다. 검색은 미리 만들어서 온도를 유지해둔 볶음밥을 내놓는 방식으로 이루어지기 때문에 그처럼 엄청난 속도를 낼 수 있었다.

일단 볶음밥의 조리 방식을 알아야 한다. 먼저 재료 수집 단계가 있다. 이 단계는 크롤링crawling이라고 하는데, 벌레가 기어 다니면서 뭔가를 주워 담듯이 문서를 수집하기 때문에 크롤러라는 이름이 붙었다. 크롤러는 문서에 딸린 링크를 따라다니며 문서를 주워 담는다. 즉 웹상에서 한 번도 다른 문서에 링크된 적이 없는 문서라면 기본적으로 수집 대상이 되지 않는다. 수집하는 문서의 개수는 수억 건 이상이다. 어마어마한 양의 문서를 수집하기 때문에 그것을 적절히 쌓아두는 일 자체가 꽤나 버거운 작업이 된다.

재료를 수집했으니 볶아 먹으려면 야채 껍질 정도는 벗

겨야 한다. 이것을 파싱parsing이라고 하는데, 수집한 문서에서 제목, 본문, 주제어 등 필요한 요소들만을 추출하고 나머지 노이즈를 제거한다. 본문에 링크나 이미지가 있으면 따로 정리하며, 개인 정보라고 할 만한 것들이 있으면 노출되지 않도록 감춘다. 파싱은 정보 가공 과정의 온갖 잡일을 다 포함하는 말이다. 컴퓨터는 예외를 잘 못 참는 기계이므로 입력과 출력의 형식이 조금이라도 어긋나면 바로 '에러error'를 내놓는다. 에러를 줄이기 위해서는 아주 열심히 파싱을 해야 한다. 솔직히 정말 지겨운 일이라 많은 이들이 기피하는 게 사실이다. 하지만 정보 검색에서 파싱을 소홀히 하면 반드시 후환을 만나게 되니, 파싱 과정에서는 반드시 꼼꼼하게 여러 가지를 챙겨야 한다.

재료 준비가 끝났으면 본격적으로 볶는 일이 남았다. 바로 색인 과정인데 문서에서 검색어를 추출하여 그것이 어떤 문서의 어떤 위치에 있는지 하나씩 기록하는 것이다. 원재료인 A, B 두 문서에 아래와 같이 단어가 나열되어 있다고 하자.

A문서	a1	a2	a3	b1	b2	b3
B문서	b1	b2	b3	c1	c2	c3

이것을 이렇게 기준을 바꿔 정리하는 것이다.

a1	A/1
a2	A/2
a3	A/3
b1	A/4, B/1
b2	A/5, B/2
b3	A/6, B/3
c1	B/4
c2	B/5
c3	B/6

즉 어떤 단어가 어디에 있는지 위치 값을 기록해둔다. 이러한 색인 과정 역시 문서가 수억 건, 검색어가 수백만 건이므로 어마어마한 DB 작업이 필요한 일이다. 하지만 이건 연봉 높은 프로그래머들이 해주니까 우리는 다 되어 있다고 생각하자.

이제 사용자가 검색어를 입력하면 중국집에서 주문을 받는 것과 같다. 주문이 들어왔으니 미리 볶아서 따뜻하게 만들어둔 재료를 꺼내놓자. 주문은 a1이었다. 주방에서 곧바로 준비된 a1을 꺼내온다.

"A/1번에 있습니다."

검색어를 두 개 입력하는 경우도 있다. 주문이 a1, b1로 들어오면 준비된 a1과 b1을 조합해 A문서만을 내준다. B문서는 b1이 있지만 a1이 없으므로 조합해도 결과가 나오지 않는다. 즉 색인 과정에서 시간이 많이 걸리는 계산은 미리 다 끝내놨기 때문에 우리가 검색어를 넣자마자 결과가 나올 수 있는 것이다.

이는 이미 알려진 방법론이 확장된 것이다. 바로 책 뒤에 붙어 있는 '색인' 혹은 '찾아보기'가 그것이다. 색인에는 해당 개념이 어디서 중요하게 언급되었는지 페이지가 적혀 있다. 다시 말해서 우리는 책에서 특정 내용을 찾아야 할 때 맨 뒤의 색인을 펼쳐 그 개념을 찾고, 그것이 몇 페이지에 있는지 확인한 다음 본문으로 넘어가 해당 내용을 읽는다. 그러므로 색인은 일종의 개념 사전이라 할 수 있다.

색인이 단행본 끝부분이라는 물리적 틀 안에 갇혀 있을 때는 그리 강력한 효과를 발휘하지 않았지만, 웹에서 수억 건의 문서를 대량으로 색인하기 시작하자 질적 변화가 뒤따랐다. 모든 책의 색인을 하나로 모아놓고 클릭 한 번에 해당 책의 페이지를 바로 열어볼 수 있게 된 것이다. 이제 검색은 말 그대로 모든 것이 들어 있는 상자가 되었다. 그것이 판도라의 상자라 할지라도 무엇이든 들어만 있다면 사람들은 호기심에 차서 그것을 열어볼 수밖에 없다. 그 상자를 연 우리는 백과사전도, 재미있는 이야기도, 감자탕 요리법도, 스위스 비밀 구좌에 돈을 맡긴 부자들의 명단도 검색을 통해 찾아볼 수 있게 되었다.

검색의 원리 2: 랭킹

사실 색인 단계에서 핵심적인 얘기를 안 했다. 검색 결과야 어떻게든 나오는 것인데, 그중 무엇이 좋은 문서인지는 도통 알기가 어렵다. 나의 '좋음'과 너의 '좋음'이 다른 상황에서 검색엔진은 객관적으로 좋은 문서를 꺼내야 한다. 당연히 정답이 있을 수 없다.

최대한 많은 이들의 '좋음'에 가까운 것을 찾기 위해 우리는 여러 가지 방법을 동원한다. 원본 문서, 최신 문서, 좋은 필자의 문서, 좋은 출처의 문서, 긴 문서, 사람들이 오래 머무른 문서, 댓글이 많이 달린 문서, '좋아요'를 많이 얻어낸 문서, PC 화면과 모바일 화면 양쪽에 모두 최적화된 문서 등등. 객관적으로 좋은 문서를 찾기 위한 노력은 지금 이 순간에도 계속되고 있다. 앞서 말한 모든 것의 점수를 수식화해서 점수가 높은 문서를 검색 결과의 상위에 올린다. 이것이 바로 랭킹ranking이다. 이 랭킹이야말로 검색의 꽃이다. 사람들은 검색 결과 5위 안에 있는 문서들을 주로 본다. 그 결과가 만족스럽지 못하면 두 번째 페이지로 넘어가기보다는 다른 검색어를 넣거나 화를 내며 이탈한다. 검색 결과를 1000만 개 이상 보여줘도 상위 10위 안에 들어가지 못하면 의미가 없는 것이다. 이 순위를 결정하는 것이 랭킹이다.

▼

예전에는 문서 단위의 랭킹이란 게 없었다. 문서 수집도, 색인도 제대로 되지 않았기 때문에 좋은 랭킹까지 바라는 것은 욕심이었다. 좋은 문서가 눈에 보일 때까지 계속 페이지를 넘겨가며 찾는 일이 흔했다. 그때 미국의 '야후 Yahoo'라는 회사가 웹사이트를 분류하기 시작했다. 도서관에서 책을 분류해 그에 따라 번호를 매겨 보관하는 것처럼, 웹사이트도 다단계 트리 구조를 만들어놓고 그 안에서 분류했다. 도서관에서는 사서가 책을 분류했다면, 야후에서는 서퍼surfer가 웹서핑을 하면서 웹사이트를 수집하고 분류했다. 검색이 효과적이지 않을 때 이 단순한 웹사이트 분류 작업은 매우 효율적이었고, 이를 기반으로 야후는 세계 최대의 포털 사이트가 되었다. 지금 시각에서는 말이 되나 싶고 우습기도 하지만 당시에는 그랬다. 특정 분류 안에서 어떤 사이트가 위에 나와야 하는가도 고민할 필요가 없었다. 서퍼가 눈으로 본 뒤 손으로 했다.

그러다가 마침내 구글이 나왔다. 구글의 강점은 검색을 검색답게 구현했을 뿐 아니라 랭킹에 혁신적인 방법론을 도입했다는 것이다. 바로 페이지랭크pagerank라는 것인데, 간단히 설명하면 문서들을 놓고 인기투표를 한 뒤 결과를 집계해 등수를 매기는 방식이다. 사람들은 맨땅에서 작업하는 것을 어려워하기 때문에 문서를 작성하면서도 항상 뭔가를 참조하기 마련이다. 그것은 책일 수도, 뉴스일 수도 있지만 웹사이트일 수도 있다. 웹은 각자 URL이라는 절대 주소를 가지고 있고 참조, 인용하는 과정에서 그 URL을 본문에 걸어주는 일이 많다. 월드 와이드 웹world wide web이라는 기술 자체가 이것을 의도하고 설계된 것이다. 이는 뭔가 다른 의도가 없는 비교적 순도 높은 추천이다. 문서 작성자는 자신의 문서와 관계있는 문서를 특별한 의도 없이 적어둔 것이지만 이를 추천이라고 간주하면 이런 추천이 많은 문서를 좋은 문서로 보고 점수화하는 것이 가능하다. 이는 매우 효과적인 방법이었다.

　이 방식도 사실 새로운 것이 아니었다. 학술논문에서 참고문헌으로 인용되는 횟수가 많으면 좋은 논문으로 인정받는 것과 같은 원리다. 이것으로 구글은 야후를 제치고 세계에서 가장 많은 돈을 버는 검색엔진 회사이자 인터넷 회사가 되었다. 그러나 이제는 더 이상 페이지랭크만으로는 좋은 랭킹 결과를 얻을 수 없다. 페이지랭크를 역이용하는 스팸도 많을 뿐 아니라 웹의 구조가 복잡다단해져서 다른 문서를 인용해 작성되는 문서도 그리 많지 않다. 지금은 페이지랭크를 비롯해 여러 가지 요소들을 종합해 점수를 내는 방식으로 검색이 이루어진다. 그 과정에서는 검색의 광고적 가치를 인식한 스팸과 끝없이 싸워나가야 한다.

검색의 원리 3: 평판과 큐레이션

누구나 추천을 원한다. 특히나 신뢰도 높은 이들의 추천을 원한다. 예를 들어 영화라면 내 관점이나 취향과 비슷한 평론가 혹은 나를 잘 알고 있는 지인의 추천을 믿는다. 그들이 내게 이상한 영화를 추천할 리가 없다는 신뢰가 있기 때문이다. 추천이 필요한 이유는 모든 것은 '필요할 땐 모르고, 알면 필요 없기' 때문이다. 그 영화가 내 취향이 아니라는 걸 알기 위해 그 영화를 봐야 한다면 그것은 이미 실패다. 그래서 우리에겐 추천이나 공유가 필요하다. '나의 삽질을 당신은 반복하지 않기를……' 하는 마음이랄까.

앞서 말한 것처럼 너의 '좋음'과 나의 '좋음'이 다른 상황에서 어떻게 더 좋은 것을 구분해내느냐의 문제에서는 결국 신용credit이 핵심이다. 누가 추천해주는가에 따라 내용이 완전히 달라진다. 서퍼들의 추천도, 페이지랭크도 신용에 기반을 두고 있다. 다시 말해서 랭킹은 어떻게 신용이 없는 상태에서 신용을 만들어내는가의 문제다.

추천의 꽃은 개인화다. 개인화는 인터넷 초기부터 줄기차게 논의되어왔지만, 여지껏 만족할 만한 결과가 나오지 않았다. 그만큼 개인성을 파악하기란 어려운 일이다. 또 파악했다고 해서 곧바로 그 개인에게 적절한 것을 추천해줄 수 있는 것도 아니다. 개인의 취향이 변화 없이 그대로 있는 것도 아니기 때문에 여간해서는 맞추기 힘들다. 그런대로 호평을 받고 있는 개인화의 결과물로 아마존의 상품 추천을 들 수 있지만, 이 역시 아주 만족스러운 수준은 아니다. 어쩌면 이 개인화라는 것은 어떻게 해도 닿을 수 없는 먼 곳에 있는지도 모르겠다. 가끔은 개인이 정말 개인화를 원하는지조차 의심스럽다.

추천을 받고자 하는 마음의 이면에는 '귀차니즘'이 있다. 당장 나만 해도 좋은 음반이나 영화에 관한 정보를 얻는 데 정말 많은 시간을 쓴다. 그 자체가 즐겁기도 하지만 종종 피곤하기도 해서 누군가 후회하지 않을 만한 목록을 추천해주거나 내 '위시리스트'를 정말 좋은 것들로 채워줄 수 있다면 돈을 낼 용의도 있다. 물론 나는 취향이 강한 편이라 결국엔 일일이 정보를 찾아서 확인하고 접하는 쪽을 택한다. 그러나 대다수의 사람들은 여러 가지 의미에서 '안전한' 콘텐츠를 소비하길 바라고, 남들이 좋다고 하면 못 이기는 척 넘어갈 준비도 되어 있다. 그렇기 때문에 음악이나 영화를 소개하는 방송 프로그램이 그렇게나 많고, 평론가들이 어떻게든 먹고사는 것이며, 온라인 서점에 배너 광고가 빼곡하게 박혀 있는 것이다.

여기에 긴장이 존재한다. 소비자는 추천을 원할 뿐 광고를 원하진 않는다. 추천하는 이는 소비자에게 영향력이 있기 때문에 계속 광고의 유혹에 시달린다. 추천 서비스는 어느 순간 자연스럽게 광고판으로 변한다. 광고에 오염되면 점차 신뢰도가 떨어지고, 결국 다른 추천자나 서비스로 대체된다. 핵심은 언제나 신뢰도다. 소비자는 비용을 더 지불하더라도 신뢰도 높은 추천을 선호한다. 그러므로 추천으로 먹고사는 이들은 평판을 관리하지 못하면 살아남을 수가 없다. 이베이ebay를 비롯한 다수의 온라인 상점은 추천자의 평판에 의해 매출이 달라진다. 이 모든 것을 움직이는 추동력이 바로 나 대신 해줬으면 하는 귀차니즘이다. 어지간해서는 귀차니즘을 이길 수 없다.

어쨌거나 일상에서는 어설픈 검색실보다 해당 분야에 어느 정도 지식이 있는 주변인이 훨씬 도움이 된다. 그들은 나에 대한 정보도 함께 가지고 있으므로 나에게 최적화된 정보를 줄 가능성이 높다. 또한 내게 호의적인 사람들이니 신뢰도도 높다. 인터넷 서비스들은 이런 주변인들의 수준을 넘어서기 위해 어떻게 하면 산재한 지식을 모아 보편적인 정보를 만들 수 있을지를 항상 고민한다.

한국에서 산재한 지식을 모으는 일에 가장 성공한 서비스는 네이버의 지식iN이고, 세계적으로는 위키백과라고 할 수 있다. 사실상 지식iN은 질문자가 검색 대신 질문을 하고, 답변자는 질문자 대신 검색해서 답을 찾아주는 서비스다. 사용자들이 검색을 잘 못하기도 하고, 귀찮기도 하니 검색 행위를 질문이라는 형태로 바꾼 것이다. 검색창에 물어보나 지식iN에 물어보나 답이 나오는 것은 같으니까. 위키백과는 불특정 다수가 각 분야에 최대한 보편적이고 객관적인 서술을 쌓아가려는 시도로, 검색엔진에 좋은 문서를 제공하는 형태로 정보를 배포해왔다. 시간이 갈수록 개별 지식만 쌓이는 지식iN보다는 지식이 보편적인 형태로 축적되는 위키백과가 더 바람직한 문서를 만들어내고 있지만, 사실 그 두 아카이브는 성격이 완전히 달라서 보완재로 보는 편이 맞다.

자, 그렇다면 좋은 평판의 기준은 무엇인가. 신뢰하는 사람의 추천, 사회적인 명망, 논문의 숫자, 수강생의 수, 베스트셀러 등 여러 가지가 있을 수 있다. 어쩐지 기시감이 들지 않는가? 맞다. 앞서 랭킹에서 언급한 좋은 문서의 기준과 유사하다. 여러 가지 요소가 있지만 어느 하나 딱 믿을 만한 것은 없다. 시행착오를 통해 비교적 자신과 가까운 기준을 선택해서 받아들이는 것이 최선이다.

학계에서는 학술적 엄밀도에 따라 학술지의 등급을 매겨놓고 해당 학술지에 실린 횟수를 점수화한다. 논문은 서로 참고문헌을 적어놓기 때문에 여러 번 인용된 것을 좋은 논문으로 간주하여 역시 점수화한다. 이렇게 해서 어느 정도 객관적인 지표를 만들었다. 과학인용색인SCI, science citation index과 피인용 지수IF, impact factor가 대표적이다. 그러나 세상에는 논문은 안 쓰지만 좋은 학자도 많고, 많이 인용된 논문이라고 해서 모두 설명이 잘 되어 있는 것은 아니라 그 사람 혹은 그 논문이 내게 도움이 될지 안 될지는 알 수가 없다. 이렇게 객관적인 지표만으로는 인정받기가 어려우니 사람들은 명성을 얻고자 한다. 명성이 있으면 자기를 열심히 설명하지 않아도 된다. 촘스키Noam Chomsky는 논문이 가장 많이 인용되는 생존 학자라는 사실로도 유명하다. 그는 누구에게 자신에 대해 설명할 필요가 없어서 편할 것이다.

명성은 언급 빈도로도 알아볼 수 있다. 명성名聲이라는 말 자체가 이름이 언급된다는 의미다. 구글 엔그램 뷰어Google Ngram Viewer•는 디지털화한 수백만 권의 책에서 특정 단어의 사용 빈도를 살펴볼 수 있는 프로그램이다. 즉 특정 인물이 책에서 얼마나 많이 언급되었는가를 측정할 수 있다. 이것을 이용하면 히틀러가 처칠이나 스탈린에 비해 얼마나 많이 언급되었는지 비교가 가능하다. 이를 절대적으로 믿을 필요는 없지만, 적어도 무엇을 먼저 살펴볼 것인가를 정할 때 유의미한 자료로 삼을 수 있을 것이다. 예를 하나 들어보자면, 프로그레시브 록 밴드 중에서 후대 뮤지션이나 평자들이 가장 높게 평가하는 밴드는 핑크 플로이드Pink Floyd와 킹 크림슨King Crimson인데, 둘 중 누구의 음악적 성취가 더 훌륭한가를 평가

'구글 엔그램 뷰어'는 구글이 디지털화한 책들 가운데 800만 권을 추려, 그 속의 8000억 개의 단어가 1520~2012년까지 사용된 빈도의 추이를 그래프로 보여주는 프로그램이다. 이 800만 권은 전 세계 모든 책의 6퍼센트에 해당하는 양으로 영어, 프랑스어, 독일어 등 8개 언어를 포함하고 있다. 구글 엔그램 뷰어books.google.com/ngrams의 검색창에 특정 단어를 입력하면, 곧바로 800만 권의 책을 검색해 그 단어가 역사 속에서 어떤 빈도로 쓰여왔는지를 보여주는 그래프가 그려진다.

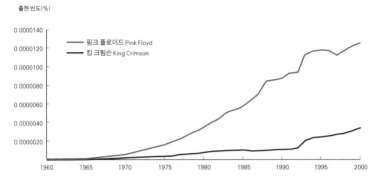

출현 빈도(%)

구글 엔그램 뷰어의 검색창에 핑크 플로이드와 킹 크림슨을 함께 입력하면, 두 밴드의 이름이
책에서 언급된 빈도의 추이를 비교해볼 수 있다.

할 수는 없지만 누가 더 유명했는가는 명백하게 알 수 있다.

2010년대 이후 '소셜 큐레이션social curation'이라는 이름을 단 일군의 인터넷 서비스가 나왔다. 이미지 위주로 묶어주는 핀터레스트pinterest와 웹상의 각종 링크를 묶어주는 스토리파이storify 등이 대표적이었다. 이런 큐레이션 서비스가 대체로 홍보와 판매로 이어지니 결국 확장된 광고판 이상은 아니었던 것 같지만, 그래도 꽤 각광받았던 서비스들이다. 그렇다면 이 '큐레이션'은 과연 새로운 것일까? 역시 그렇지 않다. 어떻게 보면 검색도 큐레이션이고, 모든 콘텐츠 서비스는 큐레이션에 가깝다. 큐레이션이란 누군가 의도를 가지고 콘텐츠를 배열한 것이기 때문이다.

검색의 대체 서비스로 큐레이션을 언급하는 이들이 있으나 너무 단순한 접근이다. 어떤 읽을거리를 상위에 노출할 것인가라는 측면에서는 비슷하지만 목표가 서로 다르기 때문이다. 검색은 내가 찾고 싶은 문서가 선명하게 있는 상태에서 그것을 찾을 수 있느냐 없느냐를 고민하는 서비스이고, 큐레이션은 비교적 좋은 문서들을 적당히 나열해서 우연히 정보를 얻게 하는 서비스이다.

그 둘을 정보 탐색의 도구라는 관점에서 본다면 공통점이 있다. 검색은 기계가 내부 추천 로직을 이용해 결과를 점수로 만들어 나열하는 것이고, 큐레이션은 이용자의 행동 패턴에 대한 신뢰를 기반으로 결과물을 나열하는 것이다. 비유하자면 드럼 세탁기냐 통돌이냐의 차이일 수는 있어도 모두 세탁기라는 점에서는 같다. 검색엔진도 무엇인가를 자동화해서 내놓으려면 큐레이션과 마찬가지로 근거가 필요하다. 그 근거가 무엇일지 연구해 끊임없이 기능을 개선해나간다. 결국 검색이든 큐레이션이든 무엇을 기반으로 추천할 것인가, 어떤 방식으로 추천할 것인가의 문제로 보아야 한다.

그러므로 큐레이션과 검색은 추천 시스템의 서로 다른 두 이름이라고 할 수 있다. 큐레이션은 사람 손에 더 의존하고, 검색은 알고리즘에 의존한다는 차이가 있을 뿐이다. 이 책에서 나는 사전과 검색이 참조라는 공통적인 속성을 가지고 있다고 주장한다. 사전은 또한 사람이 언어에 대한 정보를 취사선택해 기술했다는 점에서 큐레이션과 유사하다. 결국 사전, 검색, 큐레이션은 모두 정보를 모아 보기 좋게 배열하고, 그중에서 가장 신뢰할 만하거나 가장 선호되는 것을 상위에 올려 소비자에게 압축적으로 보여주는 정보 탐색과 가공 행위의 각기 다른 측면이라고 볼 수 있다.

검색 회사에서 사전 만들기: 네이버

네이버에 입사했던 2002년 당시의 검색 서비스는 지금에 비한다면 형편없는 수준이라 할 일이 넘쳐났다. 사전 검색만 봐도 표제어 부분 일치(표제어의 일부분만 일치해도 검색 결과가 나오는 기능)도 제대로 안 되고, 본문에 이미지로 들어가 있는 기호는 매번 깨지고, 유니코드(운영 체제, 프로그램, 언어에 관계없이 문자마다 고유한 값을 제공하는 코드 체계)도 안 쓰고, 한자 표현을 못해서 이미지로 그려 넣고, 일본어는 한자와 가나 구분도 제대로 안 되어 있었다. 겨우 표제어가 완전히 일치하는 결과만 보여주는, 종이사전의 웹 버전 이상도 이하도 아니었다. 예를 들어, 동사 활용형 '먹을래'를 입력하면 원형인 '먹다'가 검색되지 않는 수준이었다. 그래서 학계에서는 한심한 웹사전 대신 종이사전을 보라며 위기감 섞인 비판을 가했다. 종이사전을 봐야 앞뒤에 있는 단어들, 즉 관련어나 복합어를 함께 읽게 된다는 것이다. 검색 기술의 장점이 드러나지 않았던 시절에는 충분히 일리 있는 지적이었다. 하지만 내 생각에 현재 시점에서 종이사전의 최대 장점은 인터넷에 접속되어 있지 않아 공부하다가 다른 곳으로 샐 여지가 적다는 것이다.

어쨌든 그렇게 '한심한' 수준이었던 웹사전이 10년 이상 흐르면서 몰라볼 만큼 개선되었다. 그 과정을 직접 수행하고 관찰했던 사람의 입장에서 그동안 만들었던 여러 사전 서비스 가운데 인상적인 것 몇 가지만 이야기해보겠다. 먼저 네이버 영어사전. 이전에는 사전 한 권에서 나온 콘텐츠만으로 채워져 있었고, 한영사전과 영한사전이 각기 따로 검색되던 서비스였다. 그 비합리적인 구조를 이해할 수 없었던 나는 '영어사전'이라는 큰 카테고리 하나를 만들고 그 안에 기본 사전, 연어사전, 학습사전 등의 추가 사전들을 집어넣어 영한사전과 한영사전이 함께 검색되고, 예문도 함께 노출되게 만들었다. 그 결과 표제어도 예문도 함께 풍성해졌다. 복합어뿐만 아니라 구동사 등을 표제어로 올려서 영한사전은 표제어를 10만에서 20만 규모로 늘렸고, 예문은 한영사전까지 포함해서 30만 건 이상이 검색되도록 처리했다.

엄밀하게 말하면 한영사전과 영한사전의 예문은 스타일이 달라서 구분하는 것이 옳지만 당시에는 영한사전의 예문이 너무 적어서 스타일을 가릴 상황이 아니라고 봤다.

본문의 어휘를 클릭하면 다른 항목으로 바로 연결되는 오토 링크auto link 기능도 어절 단위가 아니라 구 단위로 바꿔 완성도를 크게 높였다. 'look'과 'forward'는 개별 항목에 링크를 걸면 별다른 정보를 주지 못하지만 'look forward to' 전체에 링크를 걸어주면 학습에 도움이 되기 때문이다. 어떤 학자들은 이러한 복합어나 구동사 등을 통칭해서 확장된 어휘 단위extended lexical unit라 부르기도 한다. 나는 영어사전을 개편하면서 웹사전은 종이사전을 옮겨놓은 것과 다르다는 것, 달라야 한다는 것을 보여주고 싶었다.

네이버 국어사전을 작업할 때는 10만 어휘의 중사전에서 50만 어휘의 『표준국어대사전』으로 교체한 일이 기억에 남는다. 그전까지는 모든 웹사전이 두산동아의 『새국어사전』을 쓰고 있었는데, 아무래도 모국어 사전이다 보니 표제어 부족이 특히나 눈에 띄었다. 『표준국어대사전』이라는 큼직한 사전이 있는데, 왜 그걸 못 쓰나 싶어서 상황을 좀 파악해보기로 했다. 알고 보니 사전 편찬은 국립국어원에서 하고, CD롬 제작과 종이사전 출판은 두산동아에서 진행한 데다가 워낙에 예산이 많이 들어가서 기존의 사전들이 데이터를 공급하던 금액으로는 도저히 맞출 수 없는 상황이었다. 3자 간의 관계 설정도 애매해서 계약에 어려움이 많았다.

오랜 논의 끝에 마침내 계약을 성사시키고 서비스를 시

작하니 결과가 좋았다. 언론 출판계 전반에 걸쳐『표준국어대사전』의 영향력이 막강했기 때문에, 당시 포털 3사(네이버, 다음, 네이트)가 모두『표준국어대사전』으로 교체할 정도로 파급력이 있었다. 국가에서도 100억 이상 들여 만든『표준국어대사전』이 종이책과 CD롬으로만 출간되어 활용도가 낮은 것을 곤란해 하던 터라 모두에게 득이 되는 결과였다. 이후 전자사전들에서도 속속『표준국어대사전』을 채택하게 되었으니 이는 아마 그동안 사람들의 눈높이가 높아졌기 때문일 것이다. 사람들이 웹에서 편리하게『표준국어대사전』을 쓰는 모습만 봐도 기분이 참 좋았던 기억이 남아 있다.

어학사전 이외의 전문용어사전 서비스는 통합하는 쪽으로 가닥을 잡았다. 이전에는 네이버 백과사전과 경제용어사전, IT용어사전 등이 다 따로 만들어져 있었다. 전문용어사전이 계속 늘어나는 추세였는데, 그때마다 새로 작업할 수는 없어서 하나의 틀을 만들기로 했다. 데이터의 형식을 규정한 뒤에 사전이 새로 추가되면 그것을 기존 형식에 맞춰서 변환하는 것이다. 그렇게 만든 전문용어사전에는 경제용어사전 외에 시사용어사전, 언론용어사전 등이 추가되었는데, 이렇게 새로운 사전이 제휴되어도 금방 서비스에 적용할 수 있었고 검색에도 바로 반영할 수 있었다. 데이터만 xml로 만들어 DB에 부어 넣으면 끝이었다. 이 구조는 꽤 유용해서 지금도 네이버 지식백과의 형태로 남아 있고, 원래 있던 백과사전까지도 포괄하는 구조가 되었다. 그릇의 개수를 줄여야 한다는 것은 이후 내 서비스 기획의 핵심 원칙이 되었다.

사람들은 무엇인가를 검색할 때 어학사전에서 찾아야 하는지 백과사전에서 찾아야 하는지 제대로 구분하지 않는다. 한글로 적혀 있으면 한국어사전에서, 로마자로 적혀 있으면 영어사전에서 찾는 것으로 끝이다. 즉 검색어를 넣었을 때 뭐가 됐든 결과가 나오기만 하면 되는 것이다. 『표준국어대사전』에도 수많은 고유명사와 전문용어들이 포함되어 있긴 하지만, 고유명사와 방언 등을 제외하면 어학사전의 표제어를 20만 개 이상으로 만드는 것은 현실적으로 어렵다. 그런데도 사람들은 모르는 말이 나오면 일단 어학사전부터 찾는 게 보통이다. 그런 사용자 행동을 알고 있었기 때문에 나는 백과사전이나 전문용어사전이 한국어사전과 통합되는 것이 맞다고 생각했다. 하지만 당시에 거기까지 작업하기에는 무리가 있어서 아쉽게도 손대지 못했다. 2016년 현재도 그렇게 대규모로 통합된 사전은 없지만 언젠가 꼭 해보고 싶은 작업이다. 구글이 초기부터 검색창 하나만 뚫어놓고 모든 서비스를 그 안에 녹이는 정책을 취한 것은 사용자 행동을 잘 관찰했기 때문이다. 사용자를 어리둥절하게 만드는 화면 구성은 어떤 이유를 갖다 붙여도 그냥 '나쁜 기획'이라고 할 수밖에 없다.

검색 회사에서 사전 만들기: 다음

다음Daum으로 이직해서 처음으로 한 것은 일본어사전을 개편하는 일이었다. 출판사가 준 DB에는 일본식 한자가 모두 이미지로 들어가 있었다. 도대체 왜 그렇게 고통스러운 방식으로 작업했는지 지금도 이해가 되지 않는데, 아마도 일본식 한자를 책에 있는 그대로 서비스해야 한다는 편찬자들의 고집 때문이 아닌가 추정할 뿐이다. 하지만 웹사전은 종이사전이 아니다. 종이사전의 내용을 웹사전으로 옮길 때는 웹에 맞는 형식으로 바꿔야 한다. 그 최소한이 바로 문자는 '코드code'와 '폰트font'로 표현한다는 것이다. 그래서 이미지로 처리된 한자를 모두 코드로 바꿔야 했다. 당시 웹서비스 시스템이 전 세계 공통인 유니코드가 아니라 한글 완성형 코드인 KS코드로 작업되어 있어서 어려움이 많았지만, KS코드에서 임시로 표기가 가능한 한자 코드를 찾아 결국 모두 교체하는 데 성공했다.

고빈도 한자의 개수는 고작해야 3000개 안쪽이었기 때문에 소수의 인원으로도 충분히 교체가 가능했다. 한자가 이미지로 들어가 있으면 본문이나 예문 검색이 불가능하지만 코드로 바뀌자 검색이 가능해졌다. 당시 네이버 일본어사전의 이용자가 대거 이동할 정도로 반응이 좋았다. 검색 기능이 사전의 핵심이라는 사실을 다시 한 번 확인하는 기회였다. 그 밖에 이전까지는 일본어사전을 이용할 때 가나로 입력해야만 검색이 가능했는데, 이것을 로마자 입력 Romaji input까지 가능하도록 입력 도구를 달았다. 일본인들도 PC에서 로마자로 검색하는데 우리나라의 일본어사전에서 가나 입력만 되는 것은 말도 안 되는 제약이었다. 이런 기능상의 장점들은 이후 네이버나 네이트에서도 동일하게 구현되었다. 이 역시 즐거운 일이었다. 경쟁사가 기능을 모방한다는 것은 내 기획이 옳았다는 것을 인정받는, 가장 확실한 칭찬이었기 때문이다.

다음에서 사전을 만들 때 콘텐츠를 선정하는 주요한 기준 중 하나는 기존의 웹사전과 다른 콘텐츠를 선택한다는 것이었다. 네이버가 『표준국어대사전』을 사용했으니 다음에서는 『고려대한국어대사전』을 선택했다. 포털 3사가 똑같은 사전을 쓰면 나를 포함한 모든 사람이 똑같은 사전만 봐야 하고, 『고려대한국어대사전』(정가 54만 원)을 보고 싶은 사람은 종이사전을 펼쳐야 하기 때문이다. 모든 사람이 같은 사전을 본다니 생각만 해도 끔찍했고, 일단 내가 불편해서라도 다른 사전을 서비스하고 싶었다. 일부러 고집한 것은 아니지만 가능한 한 겹치지 않게 다른 콘텐츠를 선택했더니 다음과 네이버의 사전 콘텐츠는 이렇게 달라졌다.

사전 종류	다음Daum	네이버Naver
백과사전	브리태니커백과사전 한국어판	두산백과 두피디아
국어사전	고려대한국어대사전	표준국어대사전
영어사전	금성출판사 그랜드 영한사전	옥스퍼드 학습자 영어사전
일본어사전	어문학사 고지엔 일한사전	두산 프라임 일한사전
중국어사전	고대민족문화연구원 한중사전	교학사 현대중한사전
다국어사전	한국외국어대학교	민중서림-두산동아-문예림 등

* 양사의 콘텐츠가 가장 달랐던 2014년 기준으로 각 서비스의 대표적인 사전만 정리했다.

네이버가 좀 더 다수의 콘텐츠를 사용하고 있지만, 다음의 사전은 네이버와 거의 겹치지 않는다. 대부분의 사람들은 양사를 비교하면서 사용하지 않기 때문에 이런 노력을 잘 모른다. 하지만 연구자들이나 언론 출판 종사자들은 양사의 사전을 비교해 자신에게 더 적합한 사전을 선택하기 때문에 그들에게 대안을 제시한다는 사실만으로도 충분히 의미가 있다.

네이버는 두산동아의 두피디아를 독점하면서 다른 포털의 사용을 막았다. 그래서 다른 포털들은 초기에는 파스칼을, 브리태니커가 개방 정책을 취한 이후로는 브리태니커 한국어판을 서비스하게 되었다. 네이버가 돈을 대규모로 투자해서 전문용어사전을 확보하고 있었기 때문에 나는 위키백과를 좀 더 적극적으로 이용하는 쪽으로 방향을 잡았다. 다음이 위키백과에 먼저 콘텐츠를 기증하면 명분상 위키백과를 좀 더 당당하게 이용할 수 있겠다는 생각을 했다. 그래서 당시 업데이트되지 않던 『글로벌 세계대백과』의 전체 텍스트를 구매해 기증하기로 했다. 위키백과와 같은 공공재에 먼저 기여를 하면 도덕적 우위에 설 수 있고, 이후 네이버를 비롯한 다른 회사들의 참여도 기대해볼 수 있으리라 생각했다. 위키백과에 콘텐츠를 기증한다는 것은 그 내용을 전 국민 누구나 무료로 사용할 수 있게 개방한다는 뜻이었고, 세계적으로도 드문 사례였다. 2008년 당시 위키백과 설립자인 지미 웨일스를 초청하여 그의 기조 강연을 포함한 컨퍼런스를 열기도 했다. 현재 한국어 위키백과의 항목 수는 30만 개 이상으로 상당수는 『글로벌 세계대백과』의 내용이 들어가면서 보강된 상태다.

전문가들이 만든 사전으로는 브리태니커를, 일반인들이 만든 사전으로는 위키백과를 활용하여 서로 보완재가 되게 하겠다는 다음 사전의 전략은 결과적으론 실패했다. 브리태니커/위키백과의 조합으로 네이버가 확보한 수백 개의 전문용어사전에 대응하기는 역부족이었다. 현재 한국어로 된 웬만한 전문용어사전은 네이버 지식백과에 다 포함되어 있으니 혹시 뭔가 궁금한 것이 있다면 지식iN보다는 지식백과를 검색해보는 편이 좋을 것이다. 전문용어 사전을 한 번에 검색해주는 웹 서비스 중에서 네이버 지식백과만큼 방대한 규모는 세계적으로도 거의 없다. 이 역시 포털 서비스들이 서로 경쟁한 덕분에 한국어 사용자가 따먹을 수 있게 된 과실 중 하나다.

다음에 와서 다시 영어사전을 개편해야 했는데, 이미 네이버에서 한 번 개편한 경험이 있기 때문에 그때보다 더 잘 만들고 싶었다. 또한 말뭉치 언어학을 공부한 뒤여서 어떻게든 그 방법론을 웹사전에 적용하고 싶었다. 그래서 온라인상의 수많은 출처에서 문장 쌍을 추출해 예문 DB에 넣었다. 새로 들어간 예문 40만 쌍에 기존에 있던 20만 쌍까지 더하면 예문이 60만 쌍 가까이 되었다. 네이버를 충분히 압도하는 분량이었다. 그 밖에 한영 번역 쌍이 없는 문장들도 상당수 집어넣었다. 영영사전에 한국어 번역이 없는 것처럼 번역문이 없는 예문이라도 아예 없는 것보단 있는 게 낫다고 판단했기 때문이다. 그렇게 해서 예문만 100만 건 정도의 양을 구축했다. 그 결과 최소한 예문만큼은 다음 영어사전이 좋다는 평가를 받았다.

12년 동안 사전을 만들면서 가장 즐겁게 작업한 것은 바로 이 부분이다. 나는 그동안 출판사가 만든 영어사전의 의미 구분이 매우 자의적이라 생각했지만, 어떻게 자동으로 의미를 구분할 것인가에 대해서는 답을 내릴 수가 없었다. 의미는 아무래도 사람에게 의존할 수밖에 없다는 생각에서 벗어나지 못했기 때문이다. 그러던 어느 날 예문에 사용된 번역어의 빈도수를 기반으로 의미를 재정렬하면 어떨까 하는 생각을 했고, 테스트 버전을 만들었다. 예를 들어 sound는 다음과 같이 번역어를 대응시킬 수 있다.

＊sound ①소리(493회) ②들리다(457회) ③음(106회)
④소리를 내다(83회) ⑤건전한(82회)

sound가 포함된 1200개 정도 되는 예문들 중에서 493개의 예문에서는 '소리'로, 457개의 예문에서는 '들리다'로 사용된 것이다. 이렇게 의미의 종류와 빈도를 빈도수 순으로 정렬했다. 이 방식에는 여러 가지 장점이 있다. 사용자들에게 어떤 의미를 먼저 외우라고 근거를 들어 제안할 수 있다. 많이 사용된 의미를 먼저 외우는 것이다. 또 출판사에 의존하지 않고 갱신이 가능하다. 새로운 예문을 발굴해서 DB에 넣기만 하면 자동으로 사전이 갱신된다. 마지막으로 예문 전체의 세트를 교체하면 문학 예문사전이나 공학 예문사전을 만들 수 있다. 사람의 직관이 아니라 데이터에 기반을 둔 사전을 만들 수 있는 것이다. 이는 기존의 영어사전과 꽤 다르기 때문에 서로 보완재가 될 수 있다.

언어학을 공부했거나 사전을 열심히 사용해본 사람이

라면 이런 방식의 의미 구분이 불편할 수 있다. 명사인 '소리'와 동사인 '들리다'가 같은 선상에 있는 것은 사전의 문법에 맞지 않기 때문이다. 또 '건전한'은 나머지 네 개의 번역어와 의미가 전혀 다르다. 다시 말해 sound1과 sound2로 구분해서 서술해야 한다. 하지만 여기서는 구분되어 있지 않다. 이는 그럴 여력이 없었기 때문에 취한 선택이다. 할 일은 많고 인원은 적은데, 사전 구조가 복잡하면 유지 보수하기도 벅차다. 그렇다면 일을 단순화해야 했다. 그 과정에서 서비스 개편의 중심 기준을 오로지 빈도에 한정하기로 결정했다. 그리고 어휘의 의미와 형태 모두를 고려하기 어려우니 좀 더 한정된 형태만을 고려하기로 했다. 사전 편찬과 마찬가지로 포털의 사전 서비스 역시 한정된 인력으로 많은 일을 해야 하기 때문에 어떻게든 구조를 단순화해야 했다.

형태에만 초점을 맞춰 사전 작업을 하니 외려 의미까지도 정리되는 면이 있었다. 기존 사전에서는 '작성하다/작성되다/작성' 등이 다르게 서술되어 있었다. 하지만 중심어는 '작성'이고, '하다'나 '되다'는 파생형일 뿐인데 예문에서 그것들을 따로 구분해줄 이유가 없었다. 그리고 문장이 번역될 때는 중심 의미를 기준으로 번역하지, 개별 문장의 품사를 고려해가며 번역하지 않는다. 예를 들어 영어의 접속사 'but'은 '그러나', '하지만' 등으로 번역되기도 하지

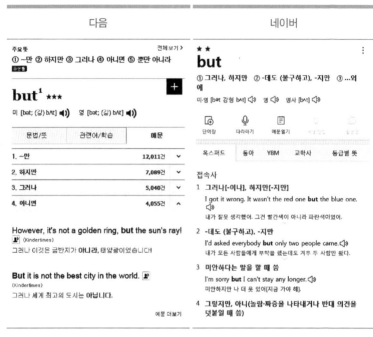

| 다음 | 네이버 |

다음

주요뜻   전체보기 >
① ~만 ② 하지만 ③ 그러나 ④ 아니면 ⑤ 뿐만 아니라

but¹ ★★★

미 [bʌt; (길) bʌt] ◀))   영 [bʌt; (길) bʌt] ◀))

문법/뜻	관련어/학습	예문
1. ~만		12,011건 ⌄
2. 하지만		7,089건 ⌄
3. 그러나		5,040건 ⌄
4. 아니면		4,055건 ⌃

However, it's not a golden ring, **but** the sun's ray!
(Kindertimes)
그러나 이것은 금반지가 **아니라**, 태양광이었습니다.

But it is not the best city in the world.
(Kindertimes)
그러나 세계 최고의 도시는 **아닙니다**.

예문 더보기 >

네이버

★ ★

but

① 그러나, 하지만   ② -데도 (불구하고), -지만   ③ …외에

미·영 [bʌt 감형 bʌt] ◀)   영 ◀)   명사 [bʌt] ◀)

| 단어장 | 따라하기 | 예문퀴즈 |

| 옥스퍼드 | 동아 | YBM | 교학사 | 등급별 뜻 |

접속사

1 그러나[-이나], 하지만[-지만]
   I got it wrong. It wasn't the red one **but** the blue one. ◀)
   내가 잘못 생각했어. 그건 빨간색이 아니라 파란색이었어.

2 -데도 (불구하고), -지만
   I'd asked everybody **but** only two people came. ◀)
   내가 모든 사람들에게 부탁을 했는데도 겨우 두 사람만 왔어.

3 미안하다는 말을 할 때 씀
   I'm sorry **but** I can't stay any longer. ◀)
   미안하지만 나 더 못 있어[지금 가야 해].

4 그렇지만, 아니(놀람·짜증을 나타내거나 반대 의견을 덧붙일 때 씀)

다음 영어사전과 네이버 영어사전은 생각보다 많이 다르다.

만 어미 '~만'으로 번역되는 경우도 꽤 많다. 개별 언어의 특성을 타는 것이다. 이런 것들을 생각해보면 더더욱 중심 어의 형태를 기준으로 정리하는 것이 예문의 묶음으로서 는 좋은 결과를 낸다고 확신할 수 있었다.

    네이버와 다음 영어사전의 예문은 지금도 꽤 질적인 차 이가 난다. 네이버의 예문은 학습서와 교재 등에서 공급한 것이 많다. 그래서 비교적 짧고 번역도 직역에 가깝다. 반 면 다음의 예문은 웹상의 문서들을 가공해서 추출한 것이

라 문장이 길고 번역도 들쭉날쭉하다. 찾아보면 오류도 꽤 눈에 띈다. 하지만 생생하고 일상적인 표현들로 번역된 문장의 비중이 높다. 여기서 말하고 싶은 것은 네이버 사전과 다음 사전은 꽤 많이 다르다는 것이다. 한쪽에서 만족하지 못했다면 한번 다른 사전을 이용해보자. 의외의 결과에 자극을 받게 될지 모른다. 하나의 사전만 보는 것은 하나의 관점만을 접하는 것이다.

그 외에도 몇 가지 언어학적 기술이 적용된 서비스를 영어사전에 포함했다. 사용역 정보(격식/비격식, 구어/문어)와 영어 연어collocation 정보, 특정 어휘 좌우에 많이 쓰이는 어휘 정보, 옥스퍼드에서 만들었던 심층적인 유의어/반의어 정보, 프린스턴 워드넷wordnet에서 추출한 상하위어 개념 정보 등이 그것이다. 즉 데이터에 기반한 언어 정보를 쉽게 보여주려고 노력했다. 특정 연어 표현을 검색하면 그 사용 빈도를 확인해서 그것이 적절한 표현인지 아닌지 의견을 내놓는 기능도 있었다. 예를 들어 'dark coffee'로 입력하면 'coffee' 좌우의 형용사 빈도를 확인해서 가장 많이 쓰이는 것은 'black coffee', 그다음은 'rich coffee' 등을 제시해주는 것이다. 당시 우리 팀에는 기획과 언어 양쪽에 감각이 있는 동료들이 있었기 때문에 꽤 많은 일들을 시도해볼 수 있었다. 이런 작업을 하면서 어휘의 성격은 결국 빈도와 분포로 설명이 가능하더라는 선생님들의 말을 다시 한 번 이해하게 되었다.

이렇게 애를 써서 만든 영어사전을 오픈하면서 나는 학계와 수준 높은 영어 학습자들의 호응이 있을 것이라 기대했다. 일반 사용자들이야 잘 모를 수도 있지만 고급 영어 학습자들 사이에는 분명 입소문이 날 거라 예상했다. 하지만 극소수의 사용자만이 이런 기능이 있다는 걸 알아채고 칭찬해주었다. 돌이켜 생각해보면 내가 기획을 제대로 하지 못했고, 서비스를 홍보하려는 노력도 부족했기 때문에 사용자들이 금방 알아채기가 어려웠다. 하지만 무엇보다 가장 큰 원인은 사용자들이 별로 원하지 않는 기능을 과하게 공급했기 때문인 것 같다. 다시 말해서 만드는 입장에서만 신이 났던 것이다. 인터넷 서비스들 중에는 이러한 오류에 빠지는 것들이 제법 많다. 이를 흔히 공급자 마인드에 젖어 있다고 표현한다. 당시 나는 내가 만족하는 서비스라면 사용자들도 만족할 거라 생각했다. 여전히 비슷한 생각을 하긴 하지만, 이제는 나도 안 쓰는 서비스라면 남들도 쓸 리가 없다는 정도로 바꿔서 믿고 있다.

전체 어학사전을 하나의 그릇에

이전부터 외대의 다국어사전을 서비스하고 싶었지만 양쪽

의 조건이 맞지 않아 서로 접촉만 한 채 몇 년이 흘러갔다. 그러다가 외대 쪽에서 더 이상 웹사전을 출시하지 않을 수 없다고 판단해 기회가 생겼다. 외대가 가진 30여 개의 외국어사전을 서비스에 넣기 위해서는 기존과 같은 방식으로는 곤란했다. 그래서 이를 계기로 전체 어학사전을 하나의 그릇에 담아보기로 했다. 지금까지는 한국어, 영어, 일본어 사전 등이 모두 따로 구축되어 있어서 유지 보수에 많은 노력이 필요했고, 유지 보수에 신경 쓰느라 새로운 기능을 추가할 여력이 없었다. PC 버전과 모바일 버전도 따로 있어서 노력이 두 배 이상 더 들어갔다. 이것을 하이브리드 웹으로 구현해 하나의 화면으로 구성하는 것이 목표였다.

이 방식으로 작업하려면 기존에 구현한 기능들, 특히 여러 가지 시도를 했던 영어사전 기능의 일부를 제거해야 했고, 한자사전처럼 특이사항이 있는 개별 언어의 특성을 일일이 고려하지 못하는 단점이 있었다. 그럼에도 불구하고 사전 서비스 전체의 유지 보수를 못 하는 것보다는 나은 선택이었기 때문에 영어사전 기능의 축소라는 부담을 안고 진행했다. 결과는 괜찮았다. 세심하게 준비했기 때문에 개편 이후에도 사용자들은 사전의 배후 구조에 근본적인 변화가 있다는 것을 체감하지 못하는 듯했다. 이렇게 구조를 바꾸니 개발 인력들이 다른 기능에 좀 더 신경 쓸 여유가 생겼고, 모바일 앱을 만들 때도 하나의 형식을 전체 사전에

한 번에 적용할 수 있었다. 그릇의 개수를 줄여야 한다는 판단은 역시 옳았다.

외대의 30여 개에 달하는 사전들은 만들어진 시기도, 만든 사람도, 방법도 모두 달랐고 형식도 달랐다. 이 모든 것을 고려해 사전을 만드는 것은 무리였다. 따라서 대부분의 사전이 가진 공통적인 부분, 즉 표제어, 발음, 품사, 의미 구분, 예문 등의 요소를 먼저 살리고 나머지는 기타에 넣는 방식을 취했다. 아래한글(hwp)이나 엑셀(xls) 등의 포맷으로 되어 있는 것들을 모두 표준 포맷에 맞춰 담는 작업을 진행했다.

이를 위해서 텍스트 에디터에 있는 정규표현식regular expression이라는 기능을 활용했다. 정규표현식은 문자열의 패턴을 정의해서 그것을 다른 형태로 바꿀 수 있게 도와주는 문법이다. 예를 들어 영어 문장 바로 뒤에 한국어 문장이 있다고 생각해보자. 영어 문장이 끝나고 한국어 문장이 시작되는 부분에 '||'와 같은 구분 기호를 넣는 일을 사람이 하면 쉽다. 하지만 오래 걸린다. 그렇다면 이런 형태로 바꾸는 것이다. "로마자 대문자로 시작하고 문장부호와 한글이 처음 시작되는 지점을 찾아 그 사이에 ||를 넣어라." 이런 명령은 정의가 가능하다. 문장부호는 [/"/'/?/!/./,/;/:] 으로 정의할 수 있고 한글은 [가-힣]로 정의할 수 있기 때문이다. 이런 패턴 명령어를 이용하면 기획자도 비표준적

인 파일을 표준적인 xml로 변경할 수 있다. 기획자들은 프로그래머들보다 사전의 요소들을 더 잘 알고 있기 때문에 정규표현식에만 익숙해지면 작업을 더 잘한다.

나와 동료 둘이서 정규표현식을 이용해 30여 종의 사전 파일을 모두 xml 형식으로 바꾸며 2013년 여름밤을 보냈다. 자발적으로 야근을 하면서도 싫지 않았던 '이상한' 경험이었다. 그 결과물을 외대 출판부에 보여주니 기한 내에 작업이 가능할지 시큰둥해하던 그들은 곧바로 우리를 전적으로 신뢰하게 되었다. xml 포맷을 사전 형식에 넣은 임시 버진을 보여주자 그동안 자체적으로 DB를 만들려다 실패한 그들의 눈이 단번에 커졌다. 그날 우리는 즐겁게 회식을 했고, 그렇게 제휴한 결과물은 지금 다음 사전에서 폴란드어사전, 이탈리아어사전 등으로 서비스되고 있다.

물론 여전히 아쉬움은 있다. 개별 언어들의 문법을 조금씩 공부하긴 했지만 동사 활용형 패턴 등을 더 잘 파악했다면 동사가 더 잘 검색되게 할 수 있었을 것이다. 또 어떤 언어들은 명사도 형태가 바뀌는 경우(한국어에서는 체언의 곡용)가 있는데, 그런 것들까지 다 반영하진 못했다. 아랍어나 태국어는 문자 체계가 눈에 익지 않아서 솔직히 어떤 오류가 있을지 감도 안 잡히는 경우가 많았다. 그런 한계들은 일단 접어두고 서비스를 개시했다. 사용자들의 제보에 의존하는 게 가장 현실적이었다. 이 작업을 하면서 촘스키가 왜 보편 문법universal grammar이라는 개념을 설정했는지 조금은 이해가 되었다. 언어들은 매우 다른 것 같지만, 또 매우 유사한 부분이 있었다. 그래서 사전들이 보편적인 구조를 가질 수 있었고,『옥스퍼드 영어사전』이 전 세계 어학사전들의 한 전범이 될 수 있었던 것이다.

이렇게 지속적으로 사전의 기능을 개선해나가다 보니 사전을 만드는 방법론을 공부해야겠다는 생각이 들었다. 그래서 연세대학교 언어정보연구원에서 사전학 석사 과정을 이수했다. 사전이 만들어지는 방식과 방법론을 깊이 파고들면서 현재의 사전들이 지닌 한계를 깨닫게 되었고, '사전은 무엇인가'라는 질문에 대해서도 다시금 생각해볼 수 있었다. 이런 여러 과정 속에서 내가 내린 결론은 사전은 공공재이고 개방되어야 한다는 것이다. 지미 웨일스가 위키백과를 만들면서 했던 생각과 다르지 않다.

사전으로 돈을 벌기 어려워진 시대다. 사전 출판사들은 이미 편집팀을 해체한 지 오래되었다. 포털도 검색 서비스의 일부로서 사전에 의미를 둘 뿐 사전 콘텐츠 자체를 계속 생산해내는 일에는 관심이 없다. 이런 상황에서 포털에 모든 책임을 떠넘기고, 그들이 개선해나가기를 바라는 것은 그리 효과적인 방법이 아니다. 포털은 IT는 알겠지만 언어에 대해서는 잘 모른다. 언어학이 그들의 업무에 직접적인 영향을 미치지 않으니 따로 공부할 리도 없다. 지금으로서는 포털이 사전을 더 열심히 만들 동기가 약하다. 포털에 좀 더 강력한 동기를 주든, 아니면 국가에서 그 비용을 떠안든 사전이 공공의 자산으로서 모두에게 개방되어야 한다는 점에 공감하고 그 현황에 대해 진지한 논의를 시작해야 할 때다.

검색 실패어로 사전 보강하기

현대 언어학은 말뭉치를 연구하지 않고는 더 이상 좋은 성과를 내기 어렵게 되었다. 그런데 이 말뭉치라는 것은 개인이 만들고 발전시킬 수 있는 게 아니다. 국가가 만든 것 중에 '21세기 세종 계획'(1998~2007)이라는 성과물이 있다. 충분한 규모는 아니며 연구자가 곧바로 쓰기에는 불편함이 있다. 사전을 직접 만들고 있는 고려대학교 민족문화연구원이나 연세대학교 언어정보연구원에도 개별적으로 구축한 말뭉치가 있다. 이 말뭉치들은 외부에 공개되어 있지 않으니 연구용으로 충분하다고 할 수 없다. 연구 자료라면 누구나 접근해서 검증하고 확인할 수 있어야 한다.

다음이나 네이버 같은 포털 서비스라면 말뭉치를 연구할 능력은 있지만, 연구에 뛰어들 만한 동기는 거의 없다. 사전을 직접 만드는 곳도 아니고, 연구 집단도 아니니 데이터를 엄밀한 기준에 따라 분류해 말뭉치 같은 걸 만들 필요가 없다. 민간 기업이니 당연히 그것을 공개할 의무도 없다. 내부용으로만 쓰는 것과 그것을 정제하여 공개할 수준으로 만드는 것은 난이도가 전혀 다른 일이다. 그래서 포털은 특별히 말뭉치를 만들거나 따로 관리하지 않는다. 웹 문서를 수집한 것이 일종의 말뭉치 역할을 할 수는 있지만 정규화된 것은 아니다.[*]

대신 포털은 유입되는 검색어에 관심이 많다. 검색어 로그를

> 옛날 학자들은 꿈도 꿀 수 없었던 언어 연구의 보고가 바로 검색어와 그것의 빈도다. 하지만 지금까지 내게 이 자료를 요청해온 연구자는 단 세 사람뿐이다. 그들에게는 회사와 협의한 끝에 일부 자료를 학술용으로만 제공했다. 이런 요청이 지속적으로 나온다면 어떨까? 아마도 회사는 좀 더 많은 자료를 공개할 것이다.

쌓는 일은 말뭉치 구축에 비하면 훨씬 쉬운 일일 뿐만 아니라, 거기엔 사용자의 생생한 목소리가 담겨 있기 때문에 직접적인 정보로 간주하고 항상 주의 깊게 살펴본다. 검색어는 크게 고빈도 검색어와 저빈도 검색어로 나눌 수 있는데, 그 기준은 필요에 따라 얼마든지 바뀐다. 그 사이를 중빈도라고 부른다면, 이 세 영역의 검색어에서는 서로 다른 정보를 읽어낼 수 있다.

먼저 고빈도 검색어에서는 사용자들의 현재 관심사를 읽을 수 있다. 이를 정제해서 포털 사이트 검색창 근처에 보여주는 것이 바로 실시간 인기 검색어 순위이다. 포털은 사용자의 현황을 파악하기 위해 이 부분을 가장 열심히 들여다본다. 그렇기 때문에 고빈도 검색어의 검색 결과는 어느 포털 사이트나 다 비슷하게 좋다. 회사들마다 방법론이 조금씩 다르기 때문에 동일하진 않지만, 모두 동일한 수준으로 괜찮다.

중빈도 검색어에는 이슈성 명사들과 일반어, 지명들이 섞여 있다. 항상 일정한 비율로 나오는 검색어들이 이 범위에 포함된다. 여기 있는 검색어들의 특성을 파악하려면, 검색어 빈도의 추이를 살펴보면 된다. 특정 시점에 빈도가 늘거나 줄면 그 시점의 여러 가지 정황을 통해 원인을 찾는 일이 가능하기 때문이다. 이를 확인하기에 좋은 서비스로 구글 엔그램 뷰어, 네이버 트렌드http://trend.naver.com/, 네이버 뉴스 라이브러리http://newslibrary.naver.com/ 등이 있다. 3~6개월 사이에서는 별다른 추이 변화가 없더라도 3~6년 정도를 살펴본다면 의미 있는 추이가 보이는 경우들이 있다. 대표적인 것은 신어와 유행어들.

저빈도 검색어들은 개수는 많지만 각각의 빈도는 낮기 때문에 전체적인 경향을 찾기가 어렵다. 하지만 검색의 완성도를 높이기 위해서는 이 부분을 잘 살펴야 한다. 흔히 롱테일이라고 부르는 영역이 바로 여기다. 고빈도 검색어는 어느 검색엔진이나 잘 찾아주기 때문에 전체적인 검색 품질은 저빈도 검색어에 얼마나 잘 대응해주느냐에 따라 판가름이 난다. 저빈도 검색어의 검색 결과가 좋으려면 문서 색인량이 많아야 하며, 특히 학계와 여러 전문 분야의 문서들을 다량 색인해야 한다. 즉 문서 커버리지가 얼마나 좋은가에 따라 검색 결과에 대한 만족도가 달라진다.

저빈도 검색어 중에서 어떤 검색어는 빈도가 너무 낮고, 전문 영역의 어휘라서 검색 결과가 아예 없는 것들이 있다. 책에는 나오지만 전문 영역에 속하다 보니 아직 그 어휘가 사용된 웹 문서가 없는 경우에 벌어지는 일이다. 이런 검색어를 포털 내부에서는 검색 결과 '0건 검색어'라고 부른다. 사전 편찬자의 입장에서는 저빈도 검색어와 0건 검색어가 흥미로운 대상이다. 사전에 실릴 가치가 충분히 있는데 아직 실리지 못한 어휘가 다수 포함되어 있기 때문이다. 사전학에서는 이것을 '사전 미등재 표제어'라고 부른다. 사전 편찬에서 미등재 표제어를 발견하는 것은 상당히 어려운 일인데, 검색 서비스에서는 이런 어휘가 너무도 쉽게 계속 발견되고 있다.

그래서 나는 디지털 시대의 사전 편찬자로서 이 0건 검색어에 관심을 갖고, 석사논문의 주제로 삼았다. 0건 검색어를 전반적으로 검토, 분류하여 이후 어떻게 사전을 보강할 것인가에 대해 의견을 밝혔다. 요약해 보면 0건 검색어는 사전 미등재어, 아직 외래어로서 정착하지 못한 외국어의 한글 표기, 오타와 맞춤법 오류 등 크게 세 가지로 구분된다.

사전 미등재어는 얼른 사전에 올리면 된다. 예전에는 사전의 분량 제한 때문에 어떤 단어를 사전에 올릴 것인가를 결정하는 일이 상당한 권위를 가졌다. 요즘도 『옥스퍼드 영어사전』의 신어는 뉴스에 종종 등장한다. 하지만 디지털 시대에 굳이 일반적인 사전이 그런 지점까지 고민할 이유는 없고, 일단 사전에 등재한 다음에 고민해도 늦지 않다.

외국어의 한글 표기가 0건 검색어로 등장하는 경우는 어떤 단어들이 새로 한국어에 유입되는가를 파악해볼 수 있는 자료이다. 배우 김혜수가 오래전에 유행시켰던 '엣지 있는 여자'라는 말 때문에 '엣지'가 높은 빈도로 검색어에 출현했는데, '엣지/앳지/옛지/엣찌' 등 다양한 형태로 입력되었다. 국립국어원의 권장 표기는 '에지'이지만 어떤 입력어에서도 사이시옷이 빠지지 않았다는 점이 재미있다. 엣지라는 단어의 포인트는 바로 사이시옷에 있는 것이다. 다른 예로 콘셉트라는 단어는 일상에서 꽤 자주 사용되고 있는데 '컨셉/컨셉트/콘셉/컨샙/콘셉트/콘세트' 등 여러 가지 형태가 있었다. 'ㅗ'와 'ㅓ'의 대립은 외국어 표기에서 흔히 나타나며 'ㅓ'쪽이 미국 영어 같은 느낌을 준다. 국립국어원에서는 '콘셉트', '콘텐츠' 등 'ㅗ'를 권장하고 있지만 'ㅓ'를 이기기는 쉽지 않은 모양새다.

이상의 두 가지 예에서 볼 수 있듯이 사전에 등재되지 않은 외국어가 포털 사이트 검색창에 한글로 입력될 경우 '0건 검색어'로 잡히게 된다. 한국어 사용자들이 어떤 표기를 선호하는가를 적나라하게 볼 수 있는 창구라 할 수 있다. 그러므로 국립국어원은 포털 사이트의 '0건 검색어'를 연구 대상으로 삼아야 한다.

오타와 맞춤법 오류는 제대로 된 표기로 자동 변환해주기 위해서라도 계속 관찰하게 되는 요소들이다. '설레임'은 맞춤법 오류일까 아닐까. 올바른 표기는 '설레이다'가 아니라 '설레다'이므로 '설렘'으로 써야 맞춤법에 맞다. 하지만 '설레임'이라는 빙과류가 크게 히트하는 바람에 상황이 좀 달라졌다. '설레임'도 아니고 한자와 함께 설래임雪來淋이라고 써놓아서 혼선이 더 크다. 사람들은 '설레임/설래임/설램/설례임/설레움' 등 기상천외한 표기까지 동원해서 검색을 하고 있다. 만약 압도적으로 많은 사람들이 '설레임'을 사용한다면 어떻게 될까? 결국 '짜장면/자장면' 논쟁처럼 사람들이 많이 사용하는 것이 옳은 표기가 될 것이다. 이렇듯 어떤 오류들은 정답으로 고쳐주기만 해도 되지만, 어떤 오류들은 유형별로 분류해 그 의미를 파악해야 한다. 사람들이 그렇게 쓰는 이유가 있기 때문이다.

이렇게 검색어를 관찰하다 보면 말뭉치가 없어도 언어의 사용 양상을 어느 정도 파악할 수 있다. 정규화된 수치로 표현할 수가 없어 학술 연구의 근거 자료로 사용하기는 곤란하지만, 포털 서비스의 검색 결과를 좋게 만들거나 사전의 표제어를 늘리는 데 이용하기에는 충분하다. 포털의 검색 담당자들은 고빈도든 저빈도든 최대한 많은 검색어에 적절한 결과를 제공하기 위해 여러 가지 방법을 연구한다. 하지만 그러는 사이에도 인터넷 세계에서는 계속해서 새로운 검색어와 문서들이 쏟아진다. 끝이 보이지 않는 작업이긴 하지만 흥미진진하다.

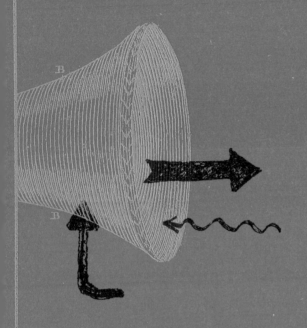

5장

검색창의
안과 밖

양적 축적이 질적 변화를 일으킨다

> 양질 전화는 일상적 사고로는 발견되지 않으며 서로 독립적
> 으로 존재하고 있는 것 같다. 우리는 관습적으로 대상에는 양
> 적인 성질뿐 아니라 질적인 성질도 있다고 얘기하며 그것이
> 각각 어떤 특성에 속하고, 어떻게 관련되어 있는가에 대한 의
> 문에 대해서는 별로 고민하지 않는다. ─ 헤겔, 『논리의 학』(1812)

헤겔은 점진적인 변화를 부정하지 않았지만 그것과 질적
인 변화에는 단절이 있다고 말했다. 예를 들어 물의 온도가
내려가는 것은 점진적이어도 얼음이 되는 것은 순간적이
라는 것이다. 그는 이러한 얘기를 길게 풀어 썼지만 우리에
게는 '양적 축적이 질적 변화를 일으킨다'는 문장으로 압축
되어 회자되곤 한다.

이 질적 변화라는 말을 접하고 나서 몇 가지 사례를 생
각해보니 대체로 맞는 것 같았다. 그래서 지금은 내 사고방
식의 한 축으로 자리 잡았다. 어떤 변화가 생기는지 예측하
긴 어렵지만 어느 시점에 기존의 방법론으로는 다룰 수 없
는 변화가 생기는 것이다. 최근에 자주 언급되는 빅데이터
big data도 여기에 해당된다. 데이터의 숫자가 적을 때는 어디
에 써야 할지, 무슨 의미인지 알 수 없는 숫자들이었는데,
이것이 엄청나게 많아졌을 때는 어떤 경향을 띠고 의미를

갖게 되는 것이다. 예를 들어 이전에는 버스나 지하철 노선을 개선하려면 이용자 조사를 하거나 정류장으로 가서 샘플 조사를 해야 했다. 하지만 지금은 교통카드를 찍을 때마다 쌓이는 데이터를 이용해 전수 조사가 가능하기 때문에 이를 기반으로 통행량이나 노선을 조정할 수 있다. 양적 축적이 어느 순간 질적 변화를 일으킨 것이다.

마찬가지로 사전이 단지 한 권 한 권의 책이기만 했을 때는 학습의 유용한 도구로 역할이 한정적이었지만, 검색이라는 넓은 바다에 모든 사전과 언어 자원이 데이터로 하나하나 쌓이기 시작하니 상황은 완전히 달라졌다. 이전에는 공부할 때나 잠깐씩 들춰보던 것이 이제는 일상생활의 모든 영역으로 침투했다. 사전의 확장형이자 그 안에 사전을 오롯이 품고 있는 검색이 우리 삶에 일으킨 질적 변화들을 살펴보자.

광고인 듯 광고 아닌 듯, 검색 광고

이전의 광고는 대부분 매체에 얼마나 많이 노출되느냐에 매달렸다. TV의 황금 시간대, 신문의 지면, 건물의 옥상 등 매체를 다수 확보하고, 소비자의 눈과 귀를 최대한 오래 붙잡아두면 광고 효과가 극대화되었다. 이런 형태의 광고는 여전히 잘 작동하는 모델이다. 문제는 효과를 측정하기가 쉽지 않다는 것이다. 발행 부수가 많다고 해서 사람들이 그 매체를 그만큼 읽었다고 할 수는 없고, 거리를 지나다니는 사람들이 전부 옥외 광고에 눈길을 주는 것도 아니기 때문이다. 노출 가능성을 높이기 위해 엄청나게 많은 부수를 무료로 배포하는 신문들이 나오기도 했지만, 그 효과 역시 검증할 수 없었다.

하지만 인터넷 광고는 측정이 가능하다는 점에서 다른 매체들과는 질적으로 달랐다. 초기 인터넷 광고의 대표적 유형은 이미지를 클릭하면 해당 사이트로 이동하는 배너 광고였다. 신문 광고의 웹 버전으로 볼 수 있다. 배너 광고는 노출 횟수를 측정할 수 있을 뿐 아니라 사용자들의 클릭 여부까지 알 수 있었기 때문에 이전의 지면 광고에 비하면 훨씬 구체적인 평가와 분석이 가능했다. 돈을 지불하는 광고주 입장에서는 이 측정 가능성이 굉장히 중요했다. 불특정 다수에게 마구 노출되는 광고였기 때문에 단가가 쌌지만 그럼에도 불구하고 광고주나 웹사이트 운영자 모두에게 득이 되는 윈윈 비즈니스였다.

사람들이 검색을 많이 이용하면서 검색 화면 자체도 하나의 매체가 되었다. 자연스레 검색 광고가 등장했다. 검색 광고의 특징은 기존의 단순 노출 방식이 아니라 사용자의 수요, 관심에 맞춘 노출이 가능하다는 점이다. 사용자가 검색어를 입력하면 그에 맞춰 광고가 나간다. 예를 들어 '꽃 배달'이나 '가방' 같은 검색어를 입력하면 꽃 배달 업체들의 리스트나 가방 브랜드, 세일 중인 매장 등 관련 광고를 내보낼 수 있다. 이런 광고는 광고가 아니라 정보로 인지될 가능성이 높아 많은 클릭이 나온다. 이와 같은 방식으로 구글은 전 세계 검색 광고 시장을 새로 만들다시피 하면서 점유해나갔고, 그 수익 모델을 바탕으로 세계에서 가장 큰 인터넷 회사가 되었다. 간단히 말해서 현재 기술력과 자금력에서 구글을 능가할 수 있는 검색엔진 회사는 없다.

검색 광고는 사용자의 의도를 파악해나가며 점점 더 좋아지고 있다. 사용자의 검색 내역을 분석해 검색 의도에 좀 더 가까운 결과를 보여준다. 검색 결과를 망치지 않으면서도 클릭을 유도할 수 있는 위치로 이동해 광고이면서도 정보에 가까운 모양새로 변했다. 그리고 사용자가 봤던 상품 광고들을 잘 기억해두었다가 종종 유사한 광고를 노출시킨다. 영역이 한정된 분야라면 광고가 정보의 역할을 할 가능성은 더 높아진다. 해당 검색어에 맞춘 신제품을 노출해서 사용자가 인지한다면, 그것은 적절한 정보를 제공하는 것이기도 하기 때문이다.

광고가 정보 역할을 하는 대표적인 경우는 영화 서비스이다. 영화는 한정된 상품이 스크린을 점유하는 흥행 산업이고 영화 개봉 소식은 그 자체가 정보이기 때문이다. 또

엔터테인먼트 산업이므로 다른 영화 광고가 눈앞에 나타나도 사용자들이 관대하게 보고 넘기는 경향이 있다. 영화 정보를 보고 있는데 치과 임플란트 광고가 나오면 눈살을 찌푸리겠지만 또 다른 영화 광고가 나오면 크게 거슬리지 않는 것이다. 즉 영화 서비스 내의 영화 광고는 위화감이 덜하다.

정보로서의 광고는 웹보다 이메일에서 먼저 활약했다. 기존에 우편으로 이루어지던 광고지 발송 방식이 이메일로 변화했기 때문이다. 사람들은 좋아하는 분야의 광고를 받아보겠느냐는 질문에 '동의'를 눌렀고, 업체들은 발송 비용을 0에 가깝게 줄이며 광고 메일을 보냈다. 물론 시간이 지나면서 대부분이 스팸으로 분류되었지만, 그래도 사용자의 동의를 얻어 광고를 노출할 수 있는 주요 채널 역할을 했다. 최근 SNS가 발달하면서 젊은층의 이메일 사용량이 급격히 줄어들고 있어 이 시장은 조금씩 하향세를 그리는 중이다.

광고와 정보의 모호한 관계는 인터넷 이전에도 있었다. 신문기사 형식으로 된 박스형 광고도 그렇고, 잡지의 기사들은 상당수가 광고와 구분되지 않는다. 잡지 가격이 그렇게 저렴할 수 있는 것은 잡지 전체가 광고 묶음의 역할을 하기 때문이다. 인터넷에서 광고와 정보가 뒤섞여 있는 사례로는 음식 블로그가 대표적이다. 평범한 개인들이 추천하는 맛집을 찾으려는 사람들이 많아지면서 처음에는 사심 없이 글을 쓰던 블로거들에게 식당 주인들이 직간접적으로 글을 의뢰하는 일이 생겨났다. 그런 일이 많아지자 점차 블로그의 신뢰도가 떨어져 요즘은 사람들이 블로그 추천을 별로 믿지 않는다. 광고와 정보가 서로 물고 물리는 전형적인 사례다.

사람들이 시간을 보내는 주요 채널이 PC 웹에서 모바일 웹으로 이동하면서 검색 광고도 변화를 모색해야 하는 시점이 되었다. 스마트폰의 신속한 보급에 비해 검색 광고의 변화는 더디게 진행되어 검색 광고 수익은 성체되어 있는 상황이다. 트위터twitter, 페이스북facebook과 같은 SNS에서 보내는 시간이 늘어나면서 검색 광고가 주춤하고 배너 광고가 다시 각광받고 있는 것처럼 보이기도 한다. 이는 배너 광고가 예전보다 분석 기술이 훨씬 좋아진 덕분이기도 하다. 하지만 우리가 점차 모바일 검색에도 익숙해지고 있기 때문에 검색 광고 시장은 여전히 전망이 밝다고 할 수 있다.

페이스북의 엔지니어였던 제프 해머바커Jeff Hammerbacher가 이런 말을 했다는데, 한 번쯤 생각해볼 일이다.

"내가 속한 세대의 최고 지성들은 어떻게 하면 소비자가 광고를 클릭할 수 있게 만들지를 생각합니다. 한마디로 거지같아요."

언어학, 과학이 되다

다음은 언어학이다. 아무래도 나와 가까운 분야이다 보니
그 드라마틱한 변화가 더 생생하게 느껴진다. 이전까지의
언어학은 인문학의 여러 분야 중 하나였다. 아니, 일반적
인 인문학은 아니고 소쉬르Ferdinand de Saussure에 의해 언어학
에서 시작된 구조주의structuralism가 인문학 전반에 영향을 준
것처럼, 언어학은 인문학 중에서는 유례없이 독특한 논리
를 가진 학문이었다. 그동안 언어학자들이 나름의 논리로
다양한 언어 현상을 분석해온 것은 충분히 의미가 있지만,
그 결과들이 계량 가능한 것은 아니었다. 역사학이나 철학
에서처럼 언어학에도 여러 관점이 있을 수 있다는 걸 인정
한다 해도 언어학의 서술들이 증명 가능하지 않다는 것은
늘 언어학자들을 괴롭히는 문제였다.

　　그러다가 1961년 미국에서 브라운 말뭉치를 만들면서
언어를 통계로 다루는 길이 열렸다. 앞서 설명한 것처럼 말
뭉치는 인간이 다루기 어려운 거대한 규모의 자연 언어에
서 특정 모수만큼의 언어를 선별하여 다룰 수 있는 규모로
만든 것이다. 자연 언어에 가깝게 축소한 샘플이기 때문에
말뭉치를 분석하면 통계적 오차 범위 내에서 자연 언어의
양상을 기술할 수 있다. 말뭉치 언어학의 등장은 구조주의
이후로 언어학을 가장 크게 바꾸어놓은 일대 사건이었다.

모국어 화자의 직관에 의존했던 이전의 국어학 논문. 딸기 앞의 '?'는 사용할 수도 있지만 이상하다는 뜻이고, 친구 앞의 '＊'는 틀렸다는 뜻이다.

컴퓨터의 성능이 좋아지면서 말뭉치는 크기가 점차 커지고, 정교해졌다. 나아가 구글은 거의 대부분의 웹 문서와 상당수의 종이 문서를 검색 가능한 형태로 확보해 이제 말뭉치가 아니라 자연 언어 전체를 다룰 수 있는 수준에 이르렀다. 언어학자가 말뭉치를 잘 다루지 못하면 좋은 논문을 쓰기 어려운 시대가 되었고, 언어학은 자연과학적 방법론이 적용된 최초의 인문학이 되었다. 가설을 세우고 검증하는 것이 가능해졌기 때문이다. 이것은 질적인 변화다. 더이상 이전처럼 모국어 화자의 직관에 의존해서는 제대로된 연구가 나올 수 없다.

말뭉치 활용의 가장 궁극적인 목표는 사전 만들기라고 해도 과언이 아니다. 해당 어휘의 사용례가 있는지, 언제 어떤 식으로 쓰였는지, 의미는 어떤 식으로 나뉘는지 등 사전 어휘 기술의 모든 부분에서 말뭉치를 참조해야 한다. 사전의 객관성을 뒷받침해주는 가장 강력한 근거가 말뭉치

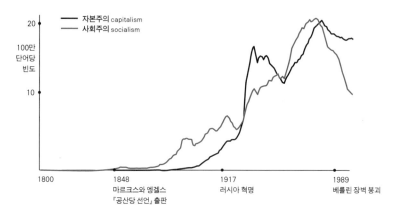

구글 엔그램 뷰어는 수백만 권의 책에서 특정 단어가 사용된 빈도수의 추이를 숫자와 그래프로 확인할 수 있게 해준다.

에 있기 때문이다. 용례도 말뭉치에서 옮겨야 하며 관용구로 정말 사용되는지도 말뭉치에서 확인해야 한다. 사전 편찬에서 말뭉치의 역할은 절대적이다.

구글은 자신들이 확보한 방대한 웹/도서 자료를 놓고 언어의 역사를 통계적으로 처리해 보여주고 있다. 구글이 만든 엔그램 뷰어는 이 말뭉치 혁명이 이후 인문학 전반으로 퍼져나갈 수 있는 가능성을 보여준다. 영어, 독일어 등 몇 가지 언어로 제한되어 있긴 하지만 어떤 인물이나 개념이 언제 어떻게 형성되었는지 16세기 이후 책에 등장한 빈도를 통해 대략적이나마 수치로 파악할 수 있게 되었기 때문이다.

이전까지 직관으로 얘기하던 것들에 이제 근거를 댈 수 있게 되었다. 이는 곧 인문학을 공부하는 사람들도 큰 데이터를 다루기 위해 통계학이나 전산을 배워야 한다는 뜻이기도 하다. 사전과는 전혀 관련이 없던 지미 웨일스가 위키백과를 만들어 백과사전 역사에서 가장 중요한 사람 중 하나가 된 것처럼, 이제 언어학은 물론 다른 인문학에서도 그 분야와 전혀 상관없는 수학자나 물리학자가 큰 기여를 하는 날이 올 것이다.

뇌의 확장

친구들에게 검색이 무엇을 바꿔놓았느냐고 물었더니, 두 명이 이른바 '덕질'이 손쉬워졌다고 답했다. 예전 같았으면 존재도 몰랐을 음반, 영화에 대한 정보가 넘쳐나고, 그 정보들을 알고 싶을 때는 언제든지 검색만 하면 된다는 것이다. 과연 그렇다. 방대한 양의 정보가 언제나 공개되어 있고, 누구나 조금만 노력하면 접근이 가능하다.

예전에는 정보에 접근할 수 있느냐 없느냐가 전문가와 비전문가를 가르는 핵심이었다. 전문가는 정보를 독점하고 있기 때문에 그에 대한 이해도와 관계없이 전문가 행세를 할 수 있었다. 다른 이들에게 정보를 보여줄 수 있다는 것 자체가 큰 권력이었다. 지금은 그렇지 않다. 정보에 접근할 수 있는 경로가 매우 다양해졌기 때문에 접근은 해도 제대로 해석하지 못한다면 전문가 행세를 하기 어렵다. 반대로 일반인들 가운데서 전문가에 준하는 이들이 나오기 시작했다. 파워 블로거라 불리는 사람들이 대표적이다.

이런 변화의 의미를 좀 더 깊이 생각해보면, 검색은 뇌의 확장이라고도 볼 수 있다. 웹 페이지들은 기억이고, 검색은 기억으로 접근하는 신경이라고 말해도 좋을 것이다. 즉 검색은 우리의 뇌가 하던 역할 이상을 담당하면서 우리를 더 큰 기억 공간에 데려다 놓았다. 이제 뇌는 더 이상 이전만큼 기억을 유지할 필요가 없다. 검색이 기억을 대체해줄 수 있기 때문이다. 자질구레한 정보들은 굳이 기억하고 있지 않아도 검색해서 언제든지 알 수 있다. 메탈리카의 3집 프로듀서가 누구인지, 2014년 칸 국제 영화제 황금종려상 수상작이 무엇인지는 더 이상 기억할 필요가 없다. 몇 년 전까지만 해도 몇몇 친구들의 생일이나 전화번호는 외우고 다녔지만, 이제는 카카오톡이나 페이스북이 다 알려주기 때문에 따로 기억할 필요가 없다.

매체가 인간의 기억보다 더 나은 성능을 보인 것은 그리 오래된 일이 아니다. 옛날에 사용하던 두루마리나 목간은 기록할 수 있는 정보의 양이 매우 적었기 때문에 대부분 왕조의 통치를 지탱할 공문서에 할애되었다. 상업 인쇄가 시작되기 전의 책이란 무척 귀한 것이어서 각자 필사해서 소장하거나 때로는 외워버리는 수밖에 없었다. 이후 점차 개인이 책을 살 수 있는 시대가 왔지만, 지금처럼 흔한 물건이 되기 전까지는 개인이 소장 가능한 장서량은 100~200권 수준을 넘지 않았다. 사정이 이렇다 보니 장서가라면 자기가 확보한 책들에 대해서는 제법 자세히 알고 있는 편이었다.

하지만 근대 이후 상업 인쇄 시대에 들어서면서 그런 일은 더 이상 불가능해졌다. 출간되는 책의 종수가 개인이 소장하거나 관리할 수 있는 수준을 넘어섰기 때문이다. 책을 수집하고 보관하는 일은 이제 공공의 영역으로 넘어갔다. 우리는 그 공간을 도서관이라고 부른다. 웹 문서의 폭발 이후로는 상황이 더 심각해졌다. 개인은 물론 공공의 영역에서도 기하급수적으로 불어나는 문서들을 더 이상 감당할 수 없게 되었다. 엄청나게 많은 문서들이 손쓸 수 없이 소멸되고 있다. 새롭게 만들어지는 문서의 양은 더 어마어마하다. 이제 인간은 과거의 방식으로는 다루기 어려운 방대한 양의 문서를 관리하는 새로운 방법론을 익혀야 한다. 이 시점에서 만들어진 도구가 바로 검색과 아카이빙이다. 사실 아직까지는 검색에만 집중하고 있고, 아카이빙에는 소홀한 상황이라고 말하는 편이 정확할 것이다.

지난 수천 년간은 책이 방대한 지식을 축적하는 시스템으로서 그 기능을 충실히 해왔다. 그 총체적 아카이브가 도서관이었다. 하지만 서가에 보이는 책의 제목만으로는 내용을 파악하기가 어려웠고, 어떤 책이 좋은 책인지를 발견하기도 쉽지 않았다. 원하는 정보를 찾으려면 도서관에서 수없이 길을 헤매야 했다. 사서의 도움을 받을 수도 있지만, 그렇다 해도 정보를 원하는 자가 시간이라는 대가를 충분히 지불해야 겨우 쓸 만한 정보를 얻어낼 수 있었다. 정보를 이해하고 정보에 신속하게 접근하는 것이 능력이고 권력이었다.

이런 상황에 변화를 가져온 것이 바로 검색이지만, 사실 이 기술은 한동안은 책과 별 상관없이 성장했다. 책의 색인 기능을 확장한 것이 검색이었음에도 웹상에서 이루어지는 검색과 종이 매체인 책이 만날 일은 별로 없어 보였다. 기껏해야 전자책의 본문 검색 기능 정도? 그런데 웹을 충분히 검색했다고 판단한 구글이 갑자기 전 세계의 책을 스캔하기 시작했다. 그 결과 (주로 영어지만) 책의 상당수가 디지털화되어 검색 가능한 형태가 되었고, 이미 디지털로 유통되던 학술논문과 함께 방대한 아카이브를 이루게 되었다. 구글은 지금까지 3000만 권 이상의 책을 디지털화했다고 한다. 검색이라는 도구를 책의 세계와 도서관에서까지 사용할 수 있게 된 것이다. 지금까지 인류가 쌓아온 지식은 검색 기술에 의해 순환 속도가 훨씬 빨라질 것이다. 검색은 무엇보다 지식을 다루는 도구다.

넓고 얕은 지식

나는 인터넷과 컴퓨터가 인간의 노동 강도를 크게 높여놓았다고 생각한다. 인터넷으로 업무 효율이 높아져 8시간 걸릴 일을 2시간 만에 했다면, 나머지 6시간을 함께 놀아도 좋을 것이다. 하지만 자본은 예전에 네 명이 했던 일을 한 명에게 맡기는 식으로 상황을 돌려놓는다. 이렇게 되면 일하는 한 사람은 전과 똑같이 8시간을 일하면서 정신적인 스트레스는 네 배로 받는다. 한편 일자리를 잃은 세 사람은 일도 없고 돈도 없어 고통을 받는다. 바로 '지금 여기'의 문제다.

검색은 정보 획득의 효율적인 도구이기 때문에 당연히 이 '나쁜 사이클'에 큰 기여를 했다. 예전 같으면 도서관에서 한참을 헤매며 찾던 정보를 요즘은 검색으로 금방 얻을 수 있다. 적어도 자료 수집이라는 측면에서는 이전에 비해 훨씬 편해졌다. 하지만 그만큼 살펴봐야 하는 대상 또한 늘어났다. 정보는 상대적인 개념이므로 나도 알고, 남들도 아는 것은 가치가 떨어지기 때문이다. 남들보다 더 많이 보고 더 의미 있는 결과를 재빨리 도출해야 정보로서 가치가 있다. 편리한 도구를 얻은 대신 어마어마한 정보의 바다에 빠진 인간은 이전만큼 꼼꼼하게 읽고 생각하기를 포기하고, 결국엔 '넓고 얕은 지식'만을 소비하게 되었다.

효율을 과도하게 지향한 결과 효율과는 정반대의 양상

도 나타난다. 일을 시작하기 전에 검색으로 끊임없이 준비를 하는 것이다. 많은 사람들이 물건을 구매하거나 외식을 할 때 혹은 여행을 떠나기 전에 무수한 검색을 통해 최적화된 소비를 하려고 한다. 그렇게 해서 정말 가격 대비 성능이 우수한 소비를 할 때도 있고, 그렇지 못할 때도 있다. 이런 이들을 '똑똑한 소비자smart consumer'라고도 부른다. 종종 검색 행위가 도를 넘어 오히려 자기 시간을 낭비하게 될지라도 이들은 최적의 소비를 위해 기꺼이 시간을 들인다. 게다가 그 '똑똑한 소비'의 결과를 인터넷에 자랑하느라 또 시간을 들인다. 어쩌면 그 낭비되는 시간은 낭비가 아니라 즐기는 시간일 수도 있다. 그렇다 하더라도 이런 모습이 합리적 소비를 가장한 비합리적 소비라는 생각이 지워지지 않는다. 나 또한 이런 비합리적 소비자임은 물론이다.

또한, 검색을 맹신한 나머지 사람을 너무 못 믿게 되었다. 어떤 면에서 사람의 기억력보다 웹 검색 결과가 훨씬 믿을 만하다고 느낄 수도 있다. 하지만 웹 문서는 교차 검증하지 않는 한 항상 오류의 위험을 안고 있으며, 교차 검증을 한다고 해도 원 출처가 같다면 전혀 검증이 되지 않는다. 이전이었다면 주변 사람들과 의견을 교환하며 생각을 발전시켜 나갔을 일을 지금은 검색에 의존하기 때문에 독단에 빠질 위험도 높아졌다. 이제는 검색해보지 않고 누군가에게 물어보는 일 자체가 실례인 것처럼 느껴지기도 한다. 웹 문서들이 몇몇 개인의 의도를 선별적으로 반영하는 것이 아니니 객관적인 듯 보이지만 웹에 작성되는 것 자체가 어떤 경향의 반영일 수 있으며, 앞서 말한 것처럼 누구도 검증하지 않은 날 것 그대로인 경우가 태반이다. 우리가 언제부터 웹 문서를 봤다고 이렇게 철석같이 믿는 건지 때로는 위험하게 느껴지기도 한다. 검색엔진은 나름의 원칙에 따라 문서를 공정하게 제시할 수도 있겠으나 우리가 그것들을 각자 자기 관점에 따라 선별적으로 읽는다는 사실을 잊어서는 안 된다. 우리는 검색 결과 가운데 극히 일부만을 클릭해 열어볼 뿐이다. 검색의 객관성은 나의 객관성을 전혀 보장해주지 않는다.

정보의 양이 감당할 수 없을 만큼 많아지면서 정보의 질이 떨어졌다는 이야기에는 분명 논란의 여지가 있지만, 그런 주장의 전후 상황을 한 번쯤 살펴볼 필요는 있다. 이제 우리는 검색 결과로 나온 정보가 충실하지 않아도 대강 만족하곤 한다. 찾아보려고 시도했다는 사실만으로 심리적 보상을 얻을 때도 있다. 처음부터 확실한 정보를 기대하지 않았을지도 모른다. 맞으면 좋고, 틀리면 어쩔 수 없는 내용들을 정보라는 이름으로 검색하고 있는 것은 아닐까. 별로 절박하지 않은 상황에서는 정확성이 떨어져도 큰 문제가 되지 않기 때문이다.

대학생들이 학교 과제에 출처를 '지식iN'이라고 적어

서 교수들을 경악시킨 얘기는 이미 오래전 일이다. 이제는 석박사 논문에서도 출처가 웹인 경우를 심심치 않게 찾아볼 수 있다. 물론 웹이어도 상관없지만, 그 출처의 안정성이 확보되고 저자가 명확한 경우가 아니라면 그것을 바탕으로 전개되는 이후 논의들의 근거가 약해질 수밖에 없다. 논문을 쓸 때 도서관에 가는 일이 예전보다 현격히 줄었다. 자연스럽게 웹에는 없고 도서관에만 있는 정보는 잘 발견되지도 인용되지도 않는다. 이제 검색되지 않는 것은 존재하지 않는 것과 같다. 나부터도 웹에서 확인되지 않는 것은 일단 넘어가고 확인을 뒤로 미룬다. 검색이 가능한 선에서 이렇게 저렇게 확인해본 뒤 반드시 책으로 확인해야 할 것들은 최대한 미루었다가 나중에 처리하는 게 보통이다.

앞서 살펴본 것처럼 랭킹의 원리상 검색 결과 가운데 대중적이고 인기 있는 내용이 상단에 올라온다. 다르게 말하면, 다소 어렵고 지루해도 의미 있다고 생각되던 지식인들의 진지한 논의는 검색 결과 상단에 없으니 더 이상 읽히지 않는다. 이전에는 책이나 학술지에서 정보를 잘 갈무리해주었고, 언론이나 잡지에서도 대중적인 것과 진지한 것을 함께 다루었다. 하지만 검색과 웹은 기성 언론에 비해 유통 속도가 훨씬 빠르고, 사람들은 인터넷으로는 가벼운 내용들만 골라 소비하려고 한다. 언론은 속도라는 무기를 인터넷에 빼앗겼기 때문에 광고 매출과 사용자 트래픽을 유지하기 위해 어떻게 하면 웹보다 더 자극적일 수 있을지를 고민한다. 자기들 발등에 불이 떨어졌으니 진지한 논의에 지면을 내주던 여유로움도 사라졌다. 현재 언론사 웹사이트에는 진지한 논의 대신 성인 광고가 넘실대고 있다.

웹이 강력한 매체가 된 만큼 웹에서 우리의 눈을 붙잡으려는 광고와 스팸들도 점차 강력해지고 있다. 아이러니하게도 이를 피하기 위해서 익혀야 하는 것 역시 검색이다. 검색엔진이 알아서 걸러주면 좋겠지만, 검색엔진의 스팸 처리 기술을 피해 다니는 스팸들도 늘어나고 있기 때문이다. 한때 검색칭에 '홍내 맛집 오빠랑'이라는 검색어를 입력하면 홍보성 블로그를 피해 진짜 맛집을 찾을 수 있다는 이야기가 떠돌았다. 그러자 홍보성 블로그들이 죄다 '오빠랑'을 넣어서 글을 쓰기 시작했다. 그러자 '아이랑', '현지인', 심지어 '광고' 등이 대체 키워드로 떠올랐다. 아이와 함께 가거나 현지 주민들이 자주 가는 곳이 맛집일 가능성이 높고, 광고성 글은 의식적으로라도 광고라는 단어를 피하기 때문에 본문에 광고라는 단어가 있으면 광고가 아니라는 이유에서였다. 이 키워드들 역시 곧 무용지물이 되었다.* 정보와 노이즈는 이렇게

이런 현상을 '붉은 여왕 가설Red Queen Hypothesis'이라 부른다. 진화론에서 거론되는 원리로, 주변 자연환경이나 경쟁 대상이 매우 빠른 속도로 변화하기 때문에 어떤 생물이 진화를 해도 상대적으로 적자생존에서 뒤처지게 되며, 이런 이유로 자연계의 진화 경쟁에선 어느 한쪽이 일방적인 승리를 거두지 못한다는 뜻이다. 루이스 캐럴의 소설 『이상한 나라의 앨리스』의 속편 『거울 나라의 앨리스』에서 붉은 여왕은 앨리스에게 "제자리에 있고 싶으면 죽어라 뛰어야 한다"라고 말하는데, 그 이유는 붉은 여왕의 나라에서는 어떤 물체가 움직일 때 주변 세계도 그에 따라 함께 움직이기 때문에 주인공이 끊임없이 달려야 겨우 한발 한 발 내딛을 수 있기 때문이다. 이 이야기를 시카고 대학교의 진화학자 밴 베일른Leigh Van Valen이 생태계의 쫓고 쫓기는 평형 관계를 묘사하는 데 쓴 것이 현재에 이른다.

서로 물고 물린다. 그러니 검색의 기술 역시 꾸준히 업그레이드해야 함은 물론이다.

검색창의 제1언어는 영어

복거일은 1998년에 『국제어 시대의 민족어』라는 책에서 영어를 공용어로 쓰자는 도발적인 제안을 했다. 이후 그는 한 매체에서 자신의 논지를 이렇게 보충했다.

> 국제어와 민족어에 관한 내 주장을 '민족어를 버리고 영어를 모국어로 삼자'로 요약한 것은 지나친 단순화다. 국제어로 자리 잡은 영어를 모국어로 배우지 않은 사람들이 입는 손해가 이미 너무 크고 앞으로는 더욱 커질 터이므로, 경제 논리는 사람들이 영어를 모국어로 삼도록 만든다는 것이 내 주장의 바탕이다. - 「조선일보」, 1998년 7월 7일자

이 도발적인 제안은 이후 여러 갈래의 논쟁을 낳았다. 그중에서 고종석의 「우리는 모두 그리스인이다」는 다시 한번 짚어볼 만하다. 고종석은 우선 영어가 국제어임을 부정하지 않았고, 현재 한국어 역시 세계의 여러 언어들과 섞이고 있다는 사실을 언급했다. 그는 복거일의 의견에 어느

정도 동조하면서도 민족어의 힘이 그리 약하지 않으며, 세계화와 지역화가 함께 심화될 것이라고 주장했다. 그럼에도 불구하고 "막 태어난 내 아이가 어떤 이유로 이중 언어 사용자가 못 될 것이 확실하다면, 그리고 그 아이에게 영어와 한국어 가운데 하나를 모국어로 고를 기회가 주어진다면, 나는 그 아이의 보호자로서 거리낌 없이 그 아이에게 영어를 택하도록 하겠다. 언어는 도구만은 아니지만, 그것이 다른 무엇에 앞서 도구인 것도 사실이기 때문이다"라고 솔직한 심정을 고백했다.

복거일과 고종석의 논의에서 우리는 한국에서 영어의 힘이 점차 강해지고 있다는 분명한 사실을 확인할 수 있다. 해외 유학생의 다수가 미국을 택하고, 그들이 한국에 돌아와서 학풍을 미국식으로 고착시키고 있다. 김종영이 '지배받는 지배자'라고 간결하게 정의한 것처럼 그들은 한국 사회의 지배적 위치를 차지하며, 동시에 미국의 이익에 충실하게 지배당하고 있다. 이제 영어 유치원으로도 모자라 수많은 지자체들이 영어 마을을 경쟁적으로 만들고 있다. 강남의 햄버거 체인점에서는 초등학생들이 영어와 한국어를 섞어가며 대화를 나누는 모습을 쉽게 볼 수 있다. 부모들이 그토록 원하던 이중 언어 사용자bilingual에 가까워진 것이다.

영어 세계화의 양상을 심화시키고 있는 요인 중 하나가 바로 검색이다. 우리가 검색을 해서 접하는 영문 정보들은 대체로 길이가 짧다. 전문을 읽으면 길겠지만, 대개는 내가 필요한 부분만을 찾아 읽기 때문에 읽어야 할 양이 적다. 책과는 전혀 다르다. 영어로 책을 읽는다면 부담스럽겠지만 최소한의 영어 실력만 있으면 단편적인 정보들, 짧은 분량의 문서들은 충분히 소화가 가능하다. 그때그때 찾아볼 수 있는 웹사전도 마련되어 있고, 구글의 자동 번역 기능도 점차 좋아지고 있다. 번역물로서의 완성도는 하찮은 수준이지만 의미 전달과 전체적인 맥락 짚기 정도로는 크게 부족하지 않다. 독일어, 프랑스어 등도 영어로 번역하면 꽤 읽을 만한 결과물을 내놓기 때문에 유럽 언어들에 대한 진입장벽도 이전에 비하면 매우 낮아졌다.

문학이나 문화 관련 내용은 구글 번역으로 보기에 어려움이 있지만, 자연과학이나 공학 계열은 영어나 유럽어 명사를 그대로 이용하는 경우도 많고 문장도 모호하지 않기 때문에 번역 품질이 쓸 만하다. 당신이 프로그래머라면 주변의 친구에게 묻기 전에 프로그래밍계의 지식iN이라 할 수 있는 '스택 오버플로우stack overflow'에서 검색을 하는 게 더 간편할 것이다. 여기에 쇼핑이라는 목적이 개입되면 영어의 활약이 더욱 도드라진다. 국내 유통 경로를 우회하여 해외 온라인 상점에서 직접 구매하면 가격이 압도적으로 싼 경우가 종종 있다. 이를 잘 활용하는 이른바 '직구족'들은 염가 구매를 위해 각종 언어 장벽을 뛰어넘는다. 자동 번역을 기본으로 종종 사전까지 활용해가며 직구를 시도한다. 이처럼 인터넷 사용이 보편화되면서 이전에 비해 영어를 활용할 일이 점차 늘어나고 있다. 일상 회화나 전화 통화와 달리 웹에서는 즉각적인 대응을 해야 하는 게 아니기 때문에 가능한 일이다.

글로벌 인터넷 서비스들의 대부분이 영어권에서 만들어진다는 것도 영어의 힘을 더 강하게 하는 데 기여하고 있다. 즉 이미 영어라는 강력한 공통 프로토콜이 존재하는 상황에서 전 세계가 사용해 '사실상의 표준de facto standard' 이 되는 인터넷 서비스를 만드는 곳도 대개 영어권 국가들이다. 따라서 영어가 지닌 공통어로서의 효과는 오프라인보다 온라인에서 더 강력할 수밖에 없다. 인터넷에서 영어는 이미 '세계어lingua franca'가 되었다. 이 'franca'라는 표현도 'americana'로 바꿔야 하는 상황이 아닐까 싶다. 이는 특별히 과장된 표현이 아니라 현실에 대한 기술이며 복거일의 주장을 우리가 쉽게 무시할 수 없는 이유이기도 하다.

검색엔진은 모든 것을 알고 있다

검색을 이용하는 것은 편리함 때문이다. 그리고 그 편리함의 핵심은 검색의 대상이 무제한적이라는 점이다. 웹 시대 이전부터 인간은 검색의 원리를 알고 있었지만, 그 범위나 활용도가 매우 한정적이었다. 지금의 검색엔진은 뭐든 넣으면 뭐라도 나오는 것이 되었다. 원리는 몰라도 마치 척척박사처럼 무엇인가 넣기만 하면 어떤 것이든 내놓는다. 이 즉각적인 대응이 사람을 중독시킨다. 정답이 아니어도 좋다. 우리는 고민하지 않고 뭔가를 입력하기만 하면 된다. 검색은 대상 영역이 무한대로 확장되는 순간 강력한 힘으로 우리 일상을 바꿔나가기 시작했다.

편리함은 의존을 낳았다. 검색엔진 회사들은 사용자들의 의존성을 높이기 위해 여러 가지 작업을 한다. 좀 더 직접적으로 말하자면 사용자의 의존도가 높은 서비스일수록 살아남을 가능성이 높기 때문에 사용자가 원하는 걸 즉각적으로, 보기 좋게 내놓는 데 혈안이 되어 있다. 검색 영역은 가장 큰 회사 하나가 독식하는 시장이다. 그래서 전 세계적으로는 구글, 한국에서는 네이버가 사용자 편의를 극도로 강화하여 사용자들을 중독시키고 있다. 이런 상황에서 시장에 진입하기 위해 극단적인 개인 정보 침해를 시도한 인터넷 기업이 페이스북이다. 현재 페이스북의 기업 가치는 그들의 방식이 윤리와는 관계없이 자본주의적이었다는 것을 보여주고 있다.

예전에는 홈페이지 주소라 부르던 도메인이 사업의 성패를 가르기도 했다. 사람들이 주소를 기억해야 브라우저에 입력해서 서비스에 접속할 수 있었기 때문이다. 그래서 sex.com이나 korea.com 같은 도메인이 거액에 거래되기도 했다. 당시 야후 코리아가 한국의 웹사이트들을 분류해서 디렉토리 서비스를 제공했으나 이는 서비스 발견 단계에서 유용했을 뿐 적극적인 활용을 위해서는 역시 간결한 도메인이 중요했다. 하지만 지금은 검색 서비스가 다 해결해주기 때문에 따로 주소를 외울 필요가 없다. 어느 정도인가 하면 '네이버' 사용자가 '다음'으로 가기 위해 '네이버' 검색창에서 '다음'을 검색하는 식이다. 분명 웹사이트 주소를 외우고 있을 텐데도 주소창에 도메인을 입력하는 행동 자체가 요새는 낯설다. 그래서 '네이버' 검색어 1위는 '다음'이고, '다음' 검색어 1위는 '네이버'다.

검색엔진의 편리함은 끝이 없다. 2G시대 이후 휴대폰 주소록 검색 덕분에 더 이상 전화번호를 외울 필요가 없다. 또한 이제는 검색어를 일부만 입력해도 나머지가 자동으로 채워지고, 오타를 쳐도 바르게 고쳐준다. 문서뿐만 아니라 이미지와 동영상까지 찾아준다. 웹 문서 이외에 책도 검색할 수 있다. 예전의 검색엔진이 카페나 게시판만 검색했다면 이제는 개인 메일함까지 검색이 가능하다. 구글의 지메일gmail.com이 내 메일함을 검색해주는 걸 경험한 이후 나는 다른 어떤 이메일 서비스에도 눈길을 주지 않았다. 고전적인 트리 구조의 디렉토리 개념은 검색과 태그에 자리를 내주고 있다.

검색의 또 다른 강력한 중독 요인은 최신성이 유지된다는 점이다. 검색엔진은 새로 생성되는 문서를 탐욕스럽게 색인하기 때문에 공개된 문서들 중에서 가장 최신 문서를 제공한다. 항상 최신 정보를 알고 싶어하는 우리에게 검색엔진은 이미 선택이 아닌 필수가 되었다. 검색 결과는 그 자체가 백과사전 역할을 하지만, 종이책 백과사전이 지나간 지식을 집대성하는 역할이라면 검색 결과는 최신 정보를 보여주는 측면이 더 크다. 검색은 전 영역을 포괄할 뿐 아니라 최신 뉴스까지 꿰고 있다. 이에 대해 디트리히 슈바니츠Dietrich Schwanitz는 인터넷이 어느새 신의 속성을 가져갔다고 표현한다.

"우리는 신의 모습을 볼 수 없고, 신이 무엇을 알고 있는지는 모르지만 신과 소통할 수 있으며, 신은 모든 것을 알고 있다."

여기에 신 대신 검색이나 인터넷을 집어넣어도 문장이 성립한다. 조금 과장된 비유일지 몰라도 시사하는 바가 적지 않다. 최근 우리는 페이스북에 프라이버시를 통째로 안겨주었다. 아니, 그 전에 이미 한국의 개인 정보는 세계적인 공공재가 된 지 오래다. 많은 이들이 장난스럽게 '구글신'이라는 표현을 쓰고 있다. 구글신에게 물어보라. 당신의 모든 질문에 어떤 답이든 해줄 것이다. 신에게 모든 것을 의탁하는 모습이 이제 더 이상 어색하지 않다.

검색이 바꾸지 못한 것

검색은 비순차적 접근random access의 대표적인 방식이다. 다른 관점에서 보자면 순차적으로 소비해야 하는 콘텐츠에는 적합하지 않다. 즉 영화, 음악, 문학 등 서사 구조가 있는 예술 양식들에는 검색이 어울리지 않는다. 참조의 도구인 사전은 순식간에 검색으로 대체되었지만, 책이 꽤 오래 버티고 있는 것도 이 때문이다. 아마도 연극이나 공연처럼 디지털화가 불가능한 양식들은 더 오래 살아남을 것이다.

물론 검색엔진은 그런 양식들, 매체들에까지 접근하려고 시도한다. 영화는 자막이 있기 때문에 대사를 검색해 원하는 장면으로 바로 찾아들어가는 일이 가능해질 것이다. LP 바에서 지금 나오는 곡의 제목이 무엇인지 알려주는 앱은 이미 다수 출시되어 있다. 책도 본문 검색이 가능하다.

하지만 이 무차별적인 검색 기능은 예술을 편안하게 감상하는 데 종종 방해가 된다. 나는 보통 집에서는 LP나 CD를 듣고 스마트폰이나 컴퓨터를 쓸 때는 스트리밍 서비스를 이용하는데 각기 감상하는 방식이 크게 다르다. LP는 A면 혹은 B면을 통째로 듣는다. CD는 중간에 꺼버리는 일이 있긴 해도 처음부터 끝까지 순서대로 듣는다. 반면에 스트리밍으로 들을 때는 음반 한 장을 다 들을 수가 없다. 중간에 다른 곡 생각이 나서 옮겨 가거나 듣던 곡이 싫어져 다음으로 넘기는 일이 부지기수다. 한 장의 앨범에서 좋아하는 한두 곡만 듣고 다음 앨범으로 넘어가는 게 너무나 당연하다. 원인은 하나다. 음반을 들을 때는 케이스에서 꺼내 플레이어에 올리고, 뒤집고, 다시 넣어야 하는 절차가 있다. 물리적 제약이 있어 쉽게 넘겨가며 들을 수가 없다. 하지만 스트리밍은 다르다. 곧바로 플레이어를 열어 손가락으로 넘기면 끝이다. 게다가 내 손은 항상 키보드나 스마트폰 위에 있다. 너무나도 간단한 일이다.

스트리밍 서비스 덕분에 LP나 CD로 음악을 듣는 일에 제의적인 성격이 있음을 알게 되었다. 일단 좋아하는 음반을 구하기 위해 돈과 시간을 지출하고, 집 안에 음반을 모아둘 공간을 확보하며, 몇 가지 절차를 거쳐 감상에 들어간다. 내 시간과 에너지가 많이 들어갔기 때문에, 즉 개입도가 높기 때문에 음악에 좀 더 집중할 수밖에 없다. 게다가 LP를 사서 재킷 디자인을 감상하고 친구들과 그에 대해 자랑 섞인 대화를 한다면 음반에 대한 나의 개입도는 극대화된다. 돈 한 푼 안 들이고 들을 때와는 다른 음악이 되는 것이다. 아날로그와 디지털의 차이가 가장 극명하게 드러나는 지점이기도 하다. 한때 음질을 놓고 아날로그를 좋아하는 이들과 디지털을 선호하는 이들이 싸우기도 했지만, 내가 보기에 음질은 핵심이 아니다. 음질을 다소 포기하더라도 카세트테이프로 감상하는 사람들이 다시 나타나고 있고, 카세트테이프만 취급하는 벼룩시장인 '카세트 페어'도 있다. 카세트테이프의 매력은 복제가 어렵고 이용자가 적다는 것이다. 힙스터hipster들이 블랙베리 스마트폰을 들고 다니는 것과 같은 맥락이다.

영화도 마찬가지다. 극장에서 보는 것과 컴퓨터로 보는 것에는 차이가 있다. 극장에서는 꼼짝없이 앉아 2시간가량 집중해서 조용히 봐야 하지만, 컴퓨터로 볼 때는 흥미가 떨어지는 장면은 스킵해가며 보는 일이 다반사다. 드라마는 1.5배의 속도로 돌려보는 것이 편하다는 사람을 본 적도 있다. 어쨌든 영화도 서사 구조가 있는 매체이므로 검색으로 나누어 소비하기 어려운 문화상품이다.

영화나 문학의 강점인 서사 구조에 대한 위협은 검색이 아니라 다른 곳에서 오고 있다. 바로 게임이다. 이전에 문학이 만화나 영화로 확장될 때도 위협이란 말이 나오긴 했지만, 시간에 종속된다는 점에서는 이들 모두 공통적이었다. 하지만 게임은 그 세계 속에서 이용자들이 자기만의 스토리를 만들어나갈 수 있다. 게임의 서사는 선형이 아니라 다차원 구조다. 스토리도 비주얼도 이전의 시간 종속적 장르들과는 다른 차원으로 발전하고 있다.

검색이 제패한 시대, 그럼에도 불구하고 검색이 바꾸지 못한 것들을 애써 적어봤다. 검색이 바꿔놓은 세상에 비하면 하찮아 보일 만큼 사소한 부분들이다. 아무리 열심히 생각해봐도 이 이상을 떠올리기가 어렵다. 이 자체가 검색이 우리의 삶을 어마어마하게 바꿔놓았다는 것을 다르게 증언하는 셈이 아닐까. 검색은 정보의 유통 속도를 단축시킨 기술인데, 정보가 없는 곳이 없는 세상이니 어찌 보면 당연한 일이다.

6장

검색,
오래된 미래

다시 네이버를 생각한다

검색이 어떤 방향으로 발전해야 하는가를 고민하다 보면 필연적으로 한국 검색엔진의 문제점을 생각하게 된다. 네이버로 대표되는 한국의 검색 기술이 과연 검색엔진이기나 한가라는 비판이 끊이지 않기 때문이다. 그 비판의 내용은 크게 세 가지로 나뉜다. 주로 언급하는 대상은 네이버가 되겠지만 다음도 본질적으로 다르지 않다.

1. 네이버의 폐쇄성 vs 구글의 개방성
2. 네이버의 검색 서비스 조작 의혹 vs 구글의 공정성
3. 네이버의 독과점

첫 번째 비판에 대해 간단히 답한다면 상대적으로 네이버가 폐쇄적이고, 구글이 개방적인 게 맞다. 그래서 네이버에게 개방적인 검색을 요구하는 방향 또한 맞다. 하지만 글로벌 IT 기업들이 폐쇄적 환경을 유지하는 것은 그리 드문 일이 아니다. 애플이 전통적으로 그런 회사였고, 지금은 페이스북이 특히 그러하다. 워낙 변화가 빠른 업종이니 여차하면 주도권을 빼앗기기 때문이다. 물론 그것이 폐쇄적인 정책을 정당화시켜주지는 않는다. 사용자들이 만드는 카페, 블로그, 지식iN 등의 콘텐츠는 외부에 공개하는 것

이 최소한의 윤리일 것이다. 하지만 네이버의 전적인 투자로 만들어지는 지식백과나 네이버캐스트 등은 개방할 수도, 안 할 수도 있다는 것이 내 생각이다. 이러한 논의가 한동안 활발하다가 2016년 현재는 소강상태인 것 같다. 이에 대해 네이버가 언론과 여론에 적절하게 대응했다고 보는 평자들도 있다. 하지만 1위 사업자는 끊임없이 자극 혹은 공격을 받아야 한다. 그 공격들을 방어하는 과정에서 더 안정적이고 바람직한 회사가 될 수 있다.

네이버 검색의 폐쇄성은 양방향으로 나타난다. 먼저 네이버가 콘텐츠 검색을 허용하지 않아 네이버 안의 블로그, 카페, 지식iN 등의 UCC 콘텐츠가 외부 검색엔진에서 잘 검색되지 않는 문제다. 일부 검색을 허용한 것들도 웹상의 '사실상의 표준'과 어긋나게 만들어 결과적으로 장벽이 생긴 경우들이 많다. 다시 말해서 사용자들이 자신을 알리고 싶어서 만든 콘텐츠가 네이버에서만 검색되는 것이다. 지금은 네이버의 점유율이 높기 때문에 사용자들이 불합리한 상황을 알면서도 큰 불만을 드러내지 않지만, 언젠가는 가시화될 문제다. 구글이나 다른 검색엔진에 노출되지 않는 것은 네이버가 사용자들을 구속하고 있는 것이나 다름없기 때문이다.

반대 방향으로는 네이버 검색이 외부 블로그나 게시판 등을 제대로 검색해주지 못한다는 문제가 있다. 외부 콘텐츠를 제대로 수집, 색인하지 못하는 면도 있지만, 제대로 한다고 해도 상대적으로 검색해주기 쉬운 네이버 콘텐츠보다 상위로 올라오기가 어렵다. 결국 뭘 검색해도 팔이 안으로 굽듯이 항상 네이버 안의 콘텐츠만 보이는 것이다. 세계 어디로든 넘어갈 수 있는 구글 검색과 달리, 네이버 검색에서는 네이버 밖으로 나갈 수가 없다. 이런 방식은 길게 보면 네이버 검색의 품질을 떨어뜨리는 결과로 이어질 것이다. 하지만 네이버는 그 정도쯤은 감수하자는 입장인 것 같다. 이런 폐쇄성은 대기업들이 좋게 포장해서 수직 계열화vertical integration라고 부르는 방식이다. 즉 자기가 제작하고 광고하고 유통까지 맡는 등 모든 과정을 장악하는 것이다. 수직 계열화는 당장 눈에 띄는 성과를 내는 데는 효과적일지 모르겠으나 길게 봐서는 건강한 발전 방향이라고 할 수 없다.

블로그나 카페 등 사용자가 만든 데이터가 아니라 외부 업체들의 콘텐츠에 대해서는 포털도 할 말이 있다. 한국어로 된 외부 콘텐츠를 검색해주고 싶지만 실제로 검색할 만큼의 품질이 안 되는 경우가 많다. 과거 포털 바깥의 회사들이 생산하던 영화, 음악, 책 등의 문화 데이터베이스는 대개 콘텐츠의 질이 낮았다. 그래서 보다 못한 포털이 직접 서비스를 시작했고, 포털 바깥의 회사들은 결국 고사하고 말았다. 이런 상황을 보면 분명 포털만의 잘못은 아니라고 할 수 있다. 하지만 현재와 같은 콘텐츠 소유/유통의 과점 상태를 누군가 책임져야 한다면 전체적인 상황을 개선할 수 있는 유일한 주체는 포털이라고 할 수밖에 없다. 이 지점에서도 포털의 사회적 책임이라는 문제가 드러난다.

두 번째 비판은 네이버가 검색 서비스를 조작하고 있다는 의혹이다. 이에 대해서는 여러 가지 주장들이 나왔으며 비판자 중에서는 김인성 씨가 알려져 있다. 주된 정황은 인기 검색어, 연관 검색어, 검색어 추천 기능들에 자동으로 나오는 추천 후보들이 왜 네이버와 다음에서 다른가라는 것이다. 이에 대한 네이버의 해명이 그다지 선명하지 못해 이러한 비판이 지속적으로 나오고 있다. 네이버가 실제로 조작했는지 안 했는지를 검증할 만한 능력은 내게 없지만, 이런 논란을 종식시킬 수 있는 방법은 알고 있다. 검색어 로그 자료를 개방하면 된다. 이에 대해서는 뒤에서 좀 더 이야기하겠다.

이런 비판과 의혹의 배경에는 국가와 권력의 압력이 있다. 대중적인 서비스가 되면 그런 압력을 피하기가 쉽지 않다. 카카오도 메신저 감청 협조 문제에 대응하느라 고민하고 있으며, 그 과정에서 저항도 항복도 다 해본 듯하다. 구글은 민주주의 국가들에서는 정권의 압력에 비교적 강하게 대응했지만, 중국 같은 사회주의 국가에서는 결국 굴복하고 말았다. 이런 문제들을 정면에서 해결하려면 서비스

검색, 오래된 미래

217

불매 운동과 함께 여론의 지속적인 압박이 필요하다. 인터넷 회사들도 영리 기업이니 매출 압박이나 여론 악화에 취약하다. 소비자가 실력 행사를 하지 않는다면 기업은 소비자를 두려워하지 않을 것이다.

자연스럽게 세 번째 비판으로 이어지는데, 어쩌면 이 모든 게 독과점에서 비롯한 문제일 수도 있다. 현재 IT 업계에서는 이 부분이 가장 어려운 문제다. 기존의 자본주의 질서에서는 한 회사의 시장 점유율이 지나치게 높을 경우 몇 가지 제약을 두곤 했다. 독과점 상태가 지속되면 공급자의 힘이 너무 강해져 소비자에게 부당한 요구를 하는 일이 발생하기 때문이다. 그런데 IT 업계의 상황이 워낙 급변하고 글로벌 경쟁 상태에 놓이면서 그런 식의 제약을 두기가 어려워졌다.

현재 글로벌 경쟁력을 가진 IT 회사들의 다수가 미국에 있다. 미국이라는 비교적 균질한 거대 단일 시장에서 과점에 성공한 회사들이 글로벌 경쟁력을 갖추기도 쉽기 때문이다. 구글, 아마존, 페이스북이 과점 상태라고 해서 미국이 특별한 제약을 거는 일은 없다. 이는 미국이라는 나라가 거쳐온 서부 개척의 역사와도 관계가 있다. 이런 상황에서 국내 업체에 제약을 걸기 시작하면 해당 업체는 글로벌 경쟁과 국내 규제라는 양자와 싸워야 하는 처지가 된다. 물론 그렇다고 독과점 상태를 무조건 옹호할 수도 없다.

그렇다면 독과점 규제보다는 사회적 기여를 요구하는 편이 낫지 않을까? 포털이 한국 사회에서 얻어 가는 것이 분명히 있는 만큼 그들에게 사회 환원을 요구하는 것이다. 그 환원의 대상은 단순히 돈일 수도 있지만, 그보다는 포털이 가장 잘할 수 있는 방식이라면 의미도 있고 유용하기도 할 것이다. 적절한 사례로 두 가지를 들고 싶은데, 하나는 뒤에서 따로 설명할 검색어 로그 개방이고 다른 하나는 인기 없는 콘텐츠지만 인류에게 꼭 필요한 학술 정보 생산에 기여하는 것이다. 현재의 네이버 지식백과처럼 이미 만들어진 콘텐츠를 그대로 가져다 이용하는 형태로는 부족하다. 그것은 이용일 뿐 재생산이 아니기 때문이다. 포털은 기존의 학술 정보들이 계속 갱신될 수 있도록 비용을 내야 한다. 갱신되지 않는 정보는 의미가 없다. 정보가 계속 갱신되어야 포털도 그 정보를 검색해주는 것으로 사회적 존재감을 얻을 수 있다. 포털 서비스의 사회 환원, 공익적 기여는 지속적으로 언급되어야 할 주제인데, 현재는 이야기하는 사람이 너무 적다. 요구하고 얻어내기 위해서는 다함께 웅성웅성 떠들어야 한다.

좋은 검색: '믿을 만한 정보로' 신속하게

좋은 검색은 사실 기본을 다하는 검색이다. 네이버 검색이 계속해서 비판을 받는 이유는 검색의 기본에 충실하지 않기 때문이다. 비유해보자면 네이버 검색은 사교육 과열을 주도하는 한국 부모들 같다. 온갖 세트 메뉴를 만들어 아이들에게 먹여준다. 스스로 찾아서 해야 하는 공부도 최대한 잘게 다져 입에 넣어주는 방식으로 하게 만든다. 반면에 구글은 참고할 책을 한 권 던져주고 이후 관심을 끊는 스타일이다. 도구를 주었으니 찾아 먹는 것은 학생의 몫이라는 태도다. 대신 그 도구를 끊임없이 개선한다. 지금 한국의 상황이 부모 잘못인지 학생 잘못인지는 잘 모르겠다. 그보다는 어떤 도구가 좋은 도구일까에 대해 조금 생각해보았다.

누가 뭐래도 검색의 최종적인 목표는 "믿을 만한 정보로 신속하게 이동시켜주는 것"일 수밖에 없다. 즉 신뢰도 향상과 신속성이라는 두 가지 지향점이 있다. 일단 신뢰도부터 생각해보자. 독수독과毒樹毒果라는 말이 있다. 독이 든 나무에서 나온 과일에는 독이 들어 있다는 뜻으로, 미국 대법원 판례에서 유래한다. 불법적으로 수집한 증거라면 법적 효력을 인정할 수 없다는 원칙이다. 연좌제도 아니고 독수에서 반드시 독과가 나온다는 생각도 편견이긴 하다. 그러나 바탕이 좋아야 결과물도 좋은 경우가 많은 건 사실이다. 검색도 그렇다. 검색은 수많은 자료에서 정보를 뽑아내 점수화하는 작업이므로 원문서가 깔끔하게 정리되어 있으면 더 잘 검색될 수밖에 없다. 반대로 자료가 엉망이면 뭘 어떻게 해도 결과를 제대로 꺼내기 어렵다.

지금은 구글, 네이버 같은 범용 검색엔진이 일반적이지만 한때 분야별 검색엔진vertical search engine이 유행한 적도 있다. 학술 데이터는 구글 스칼라scholar.google.com가 유명하고, 쇼핑은 네이버가 가격 비교를 시도해 한때 대형 쇼핑몰들을 긴장하게 만들 정도로 영향력을 확보했다. 분야별 검색엔진이라는 발상은 매우 단순하다. 변호사와 작곡가와 선박용 엔진 설계자의 관심사는 너무나도 다를 텐데, 범용 검색엔진은 그들이 입력하는 검색어에 대해 모두 같은 결과를 보여주니 이래서는 만족스런 결과를 얻기 어렵다는 생각이다. 이 발상 자체는 유효하지만, 지금까지는 몇 가지 한계가 있어 활성화되지 못하고 있다. 첫째, 수요가 적다(즉 수익 모델이 없다). 둘째, 검색해줄 만한 사이트 수집이 어렵다. 셋째, 꽤 고급 기술이라 유지 보수가 어렵다. 다시 말해서 분야별 검색엔진은 경제성이 없어서 개발이 안 되고 있다.

분야별 검색엔진과 함께 이야기되는 것으로 분야별 데이터베이스가 있다. 이 경우는 대안이 없기 때문에 분야별로 한두 개 정도씩은 만들어지고 있다. 올뮤직www.allmusic.com 등의 음악 DB나 IMDBwww.imdb.com 등의 영화 DB는 기본 정보와 리뷰 등을 정리하고 있고, 간접적으로 쇼핑과 연계되어 있다. 다나와www.danawa.com 같은 쇼핑에 특화된 DB도 만들어지고 있으며, 아마존은 쇼핑이 중심이지만 어느 곳보다도 책, 음반 등의 정보량이 많은 편이다. 서지 정보DB를 구축하는 굿리즈www.goodreads.com를 인수한 곳도 아마존이다. 분야별 DB의 장점이라면 정보를 찾아 헤매지 않게 해준다는 것이다. 즉 DB 자체에 대한 신뢰가 있다면, 이후 개별 항목들에 대해서는 따로 고민하지 않고도 믿을 수 있다.

검색의 모든 문제는 문서의 신뢰도 측정에 닿아 있다. 신뢰도 측정이 곧 랭킹으로 이어지기 때문이다. 신뢰도 측정의 이상적인 형태는 문서 각각을 열심히 검토하는 것이겠지만, 이는 너무 많은 비용이 드는 일이다. 가능하지만 현실적이지 않다. 경제성을 고려하여 검색엔진의 신뢰도를 판단한다면, 결국 출처의 신뢰성을 판단해 그 출처의 모든 결과물을 신뢰하는 것이 현실적이다. 다시 말해서 한 분야를 열심히 파서 '깊이도 있고 전 영역을 아우르는depth and coverage'DB가 있다면 그것이 믿을 만한 정보가 된다. 언론이나 기관이라면 해당 단체의 신뢰도를, 블로그라면 블로그 전체가 아니라 블로거 단위로 신뢰도를 본다. 같은 글이라 하더라도 누가 썼느냐에 따라 글의 가치가 달라지는 것이다. 이는 검색뿐 아니라 다른 곳에서도 많이 나타나는 현상이다. 이베이 중고 셀러의 신용도나 은행에서 대출 받을 때의 금융 신용조회 등도 결과적으로는 다 마찬가지다. 간단하게 요약하자면 "너는 잘 모르겠고 너와 관계된 것이나 네 친구들을 살펴보겠다" 정도로 말할 수 있다.

신뢰도에서 파생되는 또 하나의 문제로는 검색 범위 coverage가 있다. 검색 가능한 문서의 양은 많을수록 좋다. 좀 더 정확하게 표현하자면 '중복과 누락이 없는 상태MECE, mutually exclusive and collectively exhaustive'를 말한다. 충분히 많은 문서를 검색해주지 못한다면 그 결과는 믿을 수가 없다. 다양한 시기의 여러 가지 출처를 망라해야 좋은 검색 범위라고 할 수 있다. 앞서 네이버의 검색이 폐쇄적이라고 했는데, 그것은 보편적인 검색 범위를 갖지 못했기 때문이다. 구글은 지구상의 모든 웹 문서를 검색해주기 위해 엄청난 규모로 문서를 수집하고 있으며, 수집한 문서의 최신성을 유지하기 위해서도 여러 가지 노력을 하고 있다. 위키백과 문서의 내용을 보강했을 때 그 변경 내역이 10분 이내에 색인되어 검색 결과로 반영되는 것을 눈으로 확인하면 말 그대로 경악스럽다.

중복과 누락을 없애기 위해 구글은 큰 구멍 하나를 메우기로 했다. 바로 책이다. 20년 전까지 인간이 쌓아놓은 대부분의 정보가 책이라는 인쇄물로 축적되었는데, 그것들을 검색하지 못하고 있으니 큰 구멍이 아닐 수 없었다. 그래서 구글은 '구글 북스 라이브러리 프로젝트Google Books

Library Project'라는 이름으로 전 세계 도서관의 장서들을 스캔하기 시작했다. 여러 가지 법률적, 윤리적 문제가 발생했지만 구글은 계속 진도를 나가면서 소송에도 함께 대응했다. 결국 2016년 4월 18일 미 연방대법원이 미국작가협회가 구글을 상대로 낸 저작권 침해 손해배상 소송에서 최종적으로 구글의 손을 들어주면서 구글 북스 라이브러리 프로젝트는 합법적인 사업이 되었다. 아직까지는 책의 본문 검색 결과가 아주 만족스럽지는 않지만 문헌을 뒤지면서 허비하는 시간을 대폭 줄여주는 수준에는 이미 도달했다.

한국어 책 검색은 영어권보다 상황이 더 안 좋은데 여기에는 복합적인 원인이 있다. 먼저 세계적으로도 유독 일찍 시작했던 전자책 사업에서 선두업체들이 길을 잘못 트는 바람에 지금까지도 전자책 시장이 제대로 자리잡지 못하고 있다. 그사이에 아마존은 킨들로 세계를 평정했다. 한국은 검색의 원천인 전자책 자체가 부족하고, 그나마 있는 것들도 텍스트가 부실하거나 책이라는 물성을 고집해 결과물이 많이 아쉬운 게 사실이다. 상황이 이렇다 보니 본문 검색 결과가 좋을 리 없다.

책 본문은 웹 문서와 다른 특성이 있음에도 불구하고, 그 부분이 간과된 채 기존의 검색엔진으로 검색되었기 때문에 결과가 좋을 수 없었다. 책 본문의 특성으로 다음과 같은 것들을 들 수 있다. 첫째, 책은 호흡이 길고 소제목들이 추상적이거나 은유적인 경향이 있다. 둘째, 책의 각 부분이 전체 주제를 향해 하나의 흐름으로 서술되어 있기 때문에 각 장들을 따로 떼어놓고 봤을 때는 종종 한 가지 주제를 충분히 설명하지 못한다. 즉 요점이 불분명할 수 있다. 셋째, 문서가 너무 길면 검색엔진에서 오류가 발생하기 쉽다. 이런 몇 가지 이유 때문에 책 본문 검색 결과는 웹에 비해 만족스럽지 않은 경우가 많다.

어쨌거나 구글을 비롯해 각 검색엔진이 책이라는 매체로 검색 범위를 확대한 이상 앞으로 본문 검색의 품질은 점차 좋아질 것이다. 구글 웹 검색의 수준에 비하면 책 검색의 품질은 아직 걸음마 단계다. 지금까지는 웹에 익숙해진 나머지 책이라는 매체의 특성을 제대로 파악하지 못했다. 이제 책이라는 대상의 특성을 좀 더 고려한 검색이 나올 때가 되었다.

검색의 신뢰도를 높이기 위해 언급한 세 가지 방법, 즉 분야별 검색엔진과 분야별 데이터베이스, 검색 범위의 확대는 결국 검색의 원천 자료에 대한 평가, 정제, 수집을 잘해야 한다는 뜻이다. 말은 쉽지만 이것은 무척 지루하고 번거로운 과정이다.

나는 검색 기술보다는 저작권에 대한 사회적 합의를 바꾸는 것이 장기적으로 검색 품질을 높이는 효과적인 방안이라고 생각한다. CC코리아 임원이자 전직 판사인 저작권법 전문가 윤종수는 「저작물의 공유와 과제」(2011. 한국정보법학회)라는 논문을 발표했다. 여기에서 그는 현행 저작권법의 대안으로 1) 등록주의의 검토 2) 개방적 라이선스 시스템의 도입이라는 두 가지 방법을 제안했다. 2)는 현재 CC코리아 등에서 현실적으로 전개하는 방식이고, 나는 1)의 방법에 동의하는 편이다.

예를 들면 다음과 같은 방식으로 저작권을 보호할 수 있다. 20년간은 현재처럼 저작권을 유지한다. 20년 이후부터는 원저작권자가 일부 비용을 내고 저작권 등록을 해야 저작권을 유지할 수 있다. 그리고 저작권자의 사후 70년 이후부터는 저작권이 완전히 소멸된다. 이렇게 하면 저작자가 보호받고 싶어 하는 의사를 표현하고 그 의지를 보인 경우에만 저작권이 인정되므로 상업적 가치가 떨어진 저작물은 자연스럽게 저작권이 소멸된다. 상업적 가치는 없지만 다른 식으로 재활용할 수 있는 저작물이 다수 존재하므로 그것들은 충분한 가치를 지닌 공공재가 될 수 있다. 창작된 지 20년이 지난 시점에도 상업적 가치가 있는 저작물이 과연 얼마나 될까 생각해보면 이 방식은 불필요하게 묶여 있는 저작물을 상당수 사회로 환원시킬 수 있을 것이다.

좋은 검색: 믿을 만한 정보로 '신속하게'

검색 개선의 두 번째 방향은 신속성이다. 구글은 "고객이 빨리 떠나게 하는 검색"을 지향한다고 한다. 자기 존재의 의미를 매우 압축적으로 표현한 말이자, 사용자를 가두고 방황하게 하려는 다른 회사들과 극명하게 차별화되는 지침이다. 앞서 말했듯이 신뢰도와 신속성은 아주 다른 개념이 아니다. 정보의 중요도를 체크해주는 것만큼 이용자의 시간을 아껴주는 것도 없기 때문이다. 즉 신뢰도 있는 검색이 결과적으로 신속성도 담보한다. 여기서는 기술적인 부분들을 생각해보자.

먼저 중의성을 해결해야 한다. 컴퓨터는 속성상 단순하고 정확하며 반복적인 일을 매우 빨리 한다. 대신 모호하거나 중의적인 것들의 처리에는 매우 취약하다. 10만 원을 주고 1000원짜리 아이스크림 100개를 사 오라는 요구에는 금방 대응하지만, 고급스러운 아이스크림 서너 개를 사고 남는 돈으로 빵을 사 오라는 요구에는 대응을 못 한다. 그런데 인간의 언어는 매우 모호하고 중의적이다. 그래서 컴퓨터는 언어 처리에 약하다.

컴퓨터는 문장에서 사과가 과일을 의미하는지, 자기 잘못을 인정하고 용서를 구한다는 뜻으로 쓰였는지 어느 정도는 구분할 수 있지만 아주 잘하지는 못한다. 기존에는 잘 못하기 때문에 대강 넘어가곤 했다. 하지만 이제는 성능이 많이 좋아져 예전에 잘 못했던 작업들이라도 몇몇 알고리즘과 반복된 처리를 통해 가능한 방향으로 나아가고 있다. 컴퓨터가 몇 만 배 효율적으로 바뀌면 수십 배 빠른 속도로 중의성 문제를 처리할 수 있게 될 것이다. 중의성 해결과 신속성이 무슨 상관인가 싶을 수도 있다. 예를 하나 들어보자. 중의성이 해결되면 '송강 정철'과 '영어 강사 정철'과 '사전 편찬자 정철' 세 사람을 구분해서 검색할 수 있다. 즉 검색 결과를 쉽게 구분해서 볼 수 있게 된다. 정보 처리의 기본이 분류인데, 맥락에 따라 의미로 정보를 분류할 수 있다면 얼마나 편리하겠는가.

중의성이 해결되면 기계 번역의 정확도도 높아질 것이다. 현재 기계 번역은 이전에 비해서는 많이 좋아졌지만, 일한/한일 번역에서 많이 이용되는 언어학적 방법론이나 구글이 엔그램 방식으로 처리하는 통계적 방법론 등 지금까지 적용해온 방식으로는 더 이상의 품질을 만들어내기 어려운 단계에 이르렀다. 인간의 언어는 모호성이 커서 데이터가 늘어난다고 정확도도 비례해서 높아지지 않기 때문이다. 그러므로 중의성이 어느 정도 해결되면 정확도가 한 단계 나아질 것은 명백하다.

음악 검색, 이미지 검색, 동영상 검색에는 의외로 큰 기술 장벽이 없다. 이미 디지털화가 된 것들에서 패턴을 만들 수 있다면 패턴 매칭에 의해 검색이 가능하기 때문이다. 음악과 이미지 검색은 많이 다를 것 같지만, 패턴만 만들 수 있다면 실제로는 크게 다르지 않다. 동영상에서 대사를 추출하여 검색하는 것도 가능해진다. 영화 대사를 검색창에 넣으면 해당 장면을 바로 시청할 수 있다. 패턴의 개수가 너무 많다거나 하는 문제가 있을 수 있지만, 이는 연산 속도와 능력의 문제이므로 컴퓨터의 성능이 좋아지면 자연스럽게 해결될 것이다.

이런 것들보다는 인간적인, 즉 패턴을 만들기 어려운 불안정하고 미묘한 것들을 잡아내는 것이 진짜 어려운 일이다. 포커스를 신속하게 맞추는 카메라 기술 같은 것을 예로 들 수 있다. 또 사진 검색이 아무리 잘된다 하더라도 아주 잘 찍은 사진, 완성도 있는 사진만 검색된다면 그 기술은 활용도가 극히 떨어질 것이다. 대충 찍은 사진, 형편없는 사진도 검색엔진에 걸려야 쓸모가 있다. 음성을 문자로 변환해주는 것 역시 마찬가지다. 사람이 대강 말해도 그것을 적절하게 문자로 바꿔줘야 의미가 있지 성우처럼 또박또박 말해야만 문자 변환이 가능하다면 실용성은 없다고 봐야 한다.

휴대폰에 카메라가 장착된 초기에는 사진을 찍어도 주로 혼자 보거나 따로 저장하는 용도였지, 타인과 공유할 목적은 아니었다. 3G 폰으로 사진을 주고받기엔 기술과 비용의 한계가 명백했다. 하지만 스마트폰이 확산되고 와이파이 활용이 가능해지자 카메라 이용이 폭발적으로 증가했다. 어떻게 인간의 의도를 파악해 검색엔진에 집어넣느냐는 난제만 해결된다면, 구글 글래스에서 눈꺼풀만 깜빡이면 눈에 보이는 화면이 그대로 찍혀 기록에 남는 일이 가능해질 것이다. 이런 것을 연구하는 학문이 '인간-컴퓨터 상호작용HCI, Human-Computer Interaction'인데 아직은 초기 단계에 머물러 있다. 사람이 자신의 검색 의도를 재빨리 검색엔진에 넣을 수 있게 하는 일이 해결되어야 신속한 검색을 체감할 수 있다.

최근의 사례로 '구글 순간 검색'이 있다. 검색어를 입력하는 사이에 해당 검색어와 가장 가까운 검색 결과를 정답으로 간주하고 입력 도중에 그것을 보여주는 방식이다. 단순한 아이디어지만 사용자의 의도를 미리 읽어주는 효과가 있어 검색 만족도가 올라갔다고 한다. 얼마 전 마크 주커버그Mark Zuckerberg가 미래에는 텔레파시로 의사소통을 해야 한다고 언급했는데, 예전 같으면 다들 웃었겠지만 이것도 HCI를 해결해야 한다는 뜻으로 이해하면 정확한 통찰이라고 할 수 있다. 인간의 의도를 기계에 신속히 집어넣는 일은 미래의 핵심 과제다.

사용자의 움직임을 추적하여 이후의 행동을 예측하는 개인화는 '구글 나우'에서 꽤나 무서울 정도의 완성도로 현실화되고 있다. 인간의 행동이 대체로 유형화되어 있기 때문에 그것을 적당한 시점에서 파악해 행동에 반영하는 것인데, 예를 들면 이런 것들이다. 출퇴근 시간 광역버스 이용자에게 교통사고 상황을 전해 지하철을 이용하게끔 유도하는 것, 내가 여러 번 열어봤던 쇼핑몰의 알림 메일을 요약해 알려주거나 택배 상황을 추적하여 적당한 빈도로 알려주는 것 따위다. 구글 나우는 이미 현재 수준으로도 기분 나쁠 정도로 정확히 내 행동을 추적하고 유도하기 때문에 나는 아예 기능을 꺼버렸다. 이런 기술은 검색에도 동일하게 적용할 수 있다. 사용자가 항상 검색어를 입력하고 있기 때문이다. 어느 수준에서 검색에 적용할지가 문제일 뿐 기술적인 한계는 이미 없다고 볼 수 있다. 인터넷 초기부터 20여 년간 끊임없이 언급되던 개인화 검색의 안정된 버전이 등장할 시기가 되었다.

좋은 사전: 위키백과가 할 수 없는 것

앞으로 어떻게 발전해야 하는가라는 점에서 사전은 검색보다 고민이 적다. 해야 하는 일들이 선명하게 보이기 때문이다. 그만큼 기본이 안 되어 있다고 말할 수도 있고, 이미 위키백과라는 미래가 성큼 다가와 우리 앞에 놓여 있기 때문이라고도 할 수 있겠다.

위키백과의 위상을 간단히 살펴본다면, 위키백과 영어판의 표제어는 2016년 현재 500만 항목 이상으로 두산백과의 10배가 넘는다. 매년 위키백과와 미디어 위키에 관한 국제 컨퍼런스가 열린다. 위키백과는 인간이 만든 단일 형식의 문서로는 역사상 유례가 없을 정도로 큰 규모이며, 구글 검색 결과의 최상단을 거의 독차지할 만큼 신뢰할 만한 문서다. 유명인의 부고가 언론에 공개되면 5분 내에 반영될 정도로 갱신 속도가 빠르다. 언론보다 빠른 경우도 많다. 불특정 다수의 비전문가들이 인류 공통의 문화유산을 만든다는 명분 아래 이런 '위대한' 문헌을 만들었다. 세계 기록유산에 등재하자는 움직임도 있다.

그렇다면 소수의 전문가들이 지식을 쌓아 올리던 백과사전은 이제 무엇을 해야 할까. 아주 단순하게 말하자면 위키백과가 하지 않는 것을 해야 한다. 같은 영역에서 같은 것으로 경쟁하면 도저히 위키백과만큼의 결과를 낼 수 없다.

1. 항목 수를 줄이자. 항목 수에서 경쟁이 안 된다면 좀 더 추상적이고 근본적인 개념들로 한정해 집필 대상의 수를 줄여야 한다. 대신 이 백과사전에 기고하는 것 자체가 학자들에게 명예가 되어야 한다. 내용의 질에서 압도적이지 못하면 전문가들의 백과사전은 존재 의미가 없다.

2. 엄격히 선별한 이 소수의 항목들에 대해서는 깊은 논의를 진행해야 한다. 전공자들이 자기 이름과 전문성을 걸고 관점을 담아 논의를 전개해야 하며, 한쪽에서는 그에 대한 토론이 오가야 한다. 생동감이 있어야 한다. 또한 이 항목들의 내용은 주기적으로 갱신되어야 하고, 어떤 내용이 더해졌다면 어떤 맥락에서 더한 것인지 밝혀야 한다. 너무 객관만을 지향할 필요는 없다. 필자의 개인성이 드러나도 좋다.

3. 학파가 되어야 한다. 디드로가 『백과전서』로 하고자 했던 일은 종교와 권위의 시대에 대한 이성의 도전이었고, 이런 흐름은 백과전서파라고 불렸다. 책이라는 매체의 힘이 약해졌기 때문에 사람들이 체감할 수 있는 물성을 만들어내기 어려워진 이상 백과사전을 만드는 사람들은 주기적인 학회와 토론회를 열어 그 결과물을 온라인 백과사전과 온오프라인 단행본에 담는 노력을 계속해야 한다.

전문가들이 만든 백과사전이 있어야 하는 것은 다른 관점을 제시해야 하기 때문이다. 위키백과는 분명 보편성을 가지고 있지만 무엇이든 하나만 있으면 반드시 썩게 마련이다. 최소한 두 개 이상의 다른 관점이 공존해야 서로 자극을 주며 발전할 수 있다. 세상에 위키 방식의 백과사전만 있어서는 안 된다는 것은 당위에 가깝다.

어학사전에 신어를 보강하는 것은 그리 어려운 일이 아닙니다. 구글 엔그램 뷰어를 개발한 에레즈 에이든Erez Aiden과 장바티스트 미셸Jean-Baptiste Michel에 따르면, 『옥스퍼드 영어 사전』은 50만 어휘를 수록하고 있지만, 자신들이 구글 엔그램 뷰어로 확보한 어휘는 100만 개 이상이라고 한다. 아마 그 이상일 것이다. 다양한 방언형이나 구어로만 사용되는 어휘들도 많고, 단순 어휘가 아닌 확장된 어휘 단위(구동사, 숙어, 관용구 등)까지 고려하면 더욱 많아질 것이다. 목록만 제시하면 그 뜻풀이에 힘을 보탤 자원봉사자들도 많다. 뜻풀이가 어렵지 않은 저빈도 어휘들만 남아 있기 때문이다. 따라서 어번딕셔너리www.urbandictionary.com를 비롯한 사용자 참여형 사전만으로도 신어들에는 충분히 대응할 수 있다.

어학사전에는 더 중요한 일이 남아 있다. 정규화된 말뭉치를 계속 만들어나가야 이후 어떤 사전이든 쓸 만한 것을 만들 수 있다. 좋은 말뭉치 없이 좋은 사전을 만들기란 21세기에는 불가능한 일이다. 그런데도 여전히 한국어 말뭉치는 믿고 사용할 만한 것이 없다. 이는 말뭉치라는 사회적 인프라를 개별 작업자들이 따로 만들기 때문이다. 한국어세계화재단이 진행했던 21세기 세종 계획 말뭉치, 연세대학교 말뭉치, 고려대학교 말뭉치가 있지만 모두 각자 따로 진행한다. 즉 규모의 경제 효과가 나타나지 않는다. 왜 함께 만들어질 수 없는지 그 이유를 모르는 것은 아니지만,

그 어떤 이유도 대규모 말뭉치가 만들어져야 한다는 당위를 깨지는 못한다. 현재 상황에서는 국가가 말뭉치를 만드는 수밖에 없다. 그리고 그것을 전면 개방하여 개인이나 대학이 그에 기초해 사전 작업을 진행할 수 있게 해야 한다.

말뭉치라고 통칭했지만, 여기까지는 범용성을 갖춘 균형 말뭉치에 국한된 이야기다. 역사적 문헌들을 다룬 역사 말뭉치, 법률/과학/문학 등 각기 구축 가능한 분야별 말뭉치, 이중 언어 대역 문서들을 다룬 병렬 말뭉치, 구어를 전사하여 기록한 구어 말뭉치 등을 재구성해야 한다. 연구를 하기 위해서는 기초적인 자료가 완비되어야 하는데, 현재 언어학은 연구할 자료가 없는 상황이다. 가장 기본적인 균형 말뭉치조차 제대로 갖추지 못했으니, 다른 것들은 더 말할 것도 없다. 말뭉치가 제대로 갖춰져 있지 않으니 현재 한국의 어학사전 편찬이 10년 이상 정체 상태인 것은 어쩌면 당연한 일이다.

어학사전, 백과사전 가릴 것 없이 해야 하는 일도 있다. 어쩌면 전문용어사전에서 해야 할 일일 수도 있다. 바로 용어의 표준화다. 단일 개념을 지칭하는 학술용어가 학계에서조차 통일되지 않은 경우가 너무 많다. 아니, 통일된 경우가 극히 드물다고 해야 맞다. 학문은 언어로 기술되며, 언어의 기본 단위는 단어, 용어다. 용어가 제대로 정립되지 못한 상황에서 작성된 논문들이 서로 소통하지 못하고 견고한 논리 없이 흔들리는 것은 당연하다. 해외 유학파 연구자들, 특히 미국에서 공부한 학자들은 영어로 된 용어가 정확하다면서 논문이나 일상에서 영어를 당연하다는 듯 구사한다. 의학 분야 교과서를 보면 조사 빼고는 모두 영어나 라틴어로 표기되어 있다. 그 책들은 마치 국영문 혼용체를 쓰는 어딘가 다른 나라의 책처럼 보인다. 예전에 학계에서 일본어, 독일어, 프랑스어가 차지하고 있던 지위를 지금은 영어가 차지하고 있다.

학계가 자정 노력을 아예 안 한 것은 아니다. 하지만 학계에서 시도한 표준화는 계몽적인 성격이 강했다. 토론을 얼마나 했는지 모르겠지만 일관성을 위해서라며 위화감을 불러일으키는 표현을 표준으로 정하거나, 표준을 일관되게 유지하지 못하고 이런저런 이유로 바꾸는 일이 잦았다. 그러다 보니 해당 표준을 배포한 학회 내부에서조차 그 용어들을 사용하지 않는다. 그렇게 수년이 지나면 표준화 무용론이 반드시 나온다. 일본 과학계에서 노벨상 수상자를 다수 배출하면서 나왔던 "주요 문헌을 일본어로 번역해서 영어가 아닌 일본어로 연구가 가능했다"는 이야기는 용어 표준화가 없었다면 생각할 수조차 없는 일이다.

표준화는 일관된 전략과 효과적인 전술 모두를 필요로 하는 작업이다. '10여 년에 걸친 안정적인 용어 표기 정립'이라는 목표를 먼저 세우고, 하나씩 단계를 밟아야 한다.

1. 현재 학계에서 해당 용어가 어느 정도 사용되고 있는지 빈도를 조사한다.

2. 이 가운데 교체가 필요한 용어와 그렇지 않은 용어들을 선별한다.

3. 5인 이내의 위원들이 모여 용어 표준화 가안을 정해 공유한다(너무 다수가 참여하면 논의를 모으는 시간이 더 걸린다).

4. 표준화 가안을 공개해 여론을 청취한다.

5. 여론이 반영된 표준 표기를 공개하고, 표준 표기를 찾아볼 수 있는 사전을 만든다(해당 사전을 포털에 제공하는 것이 바람직하다).

6. 논문의 원문을 넣어서 표준 표기가 잘 사용되었는지 확인할 수 있는 검사기를 만들어 배포한다.

7. 3년 정도 표준 표기를 장려한 논문으로 투고를 받는다.

8. 그 기간 동안 받은 의견들을 반영해 기존 표기 체계를 검토한다.

9. 이후 해당 학회에 투고하는 모든 논문은 표준 표기를 따르게 강제한다.

10. 주기적으로 언론 출판계를 살펴 표준 표기가 지켜지는가를 확인하고 권장한다.

이 정도 방법론을 세우지 않으면 용어 표준화의 날은 영영 오지 않을 것이다. 학문은 2차 문헌보다는 1차 문헌을 보며 해야 하고, 하나의 대상이라면 같은 용어로 표기해야 소통하며 발전해나갈 수 있다. 이것이 가능해져야 우리가 근대에 돌입했다고 할 수 있다. 적어도 전문용어 사용에서 만큼은 우리는 아직도 전근대에 살고 있다는 생각을 지울 수가 없다.

용어 표준화와는 조금 다른 문제이긴 하지만, 용어의 번역과 정립의 단계에서 근대화를 이룬 모범 사례가 있다. 메이지 일본은 서구의 용어를 번역하면서 치열한 고민의 과정을 거쳤다. 'society'라는 말은 수십 년 동안 교제, 모임, 집합, 동료, 인간 교제, 국가, 세인 등을 거쳐 '사회'로 정착했다. 번역어가 정착되기까지 일본의 지식인들은 치열하게 토론을 했고, 그 결과가 언중의 선택을 받아 정립되었다. 이렇게 힘겹게 얻어낸 '사회'라는 번역어를 한국어는 자의반 타의반 그대로 차용했다. 그 번역어들로 나름 한국 '사회'의 근대화를 압축적으로 수행했지만 우리는 아직도 수업료를 덜 낸 것이다. 용어 표준화는 이 밀렸던 수업료를 내는 과정이다.

검색어 로그라는 공공재

구글의 도서 검색 중에서 가장 드라마틱한 결과물은 구글 엔그램 뷰어
다. 구글 엔그램 뷰어는 특정 어휘가 어떤 시대에 몇 번이나 등장했는가
를 수치로 뽑아서 그래프로 보여준다. 내용이 아니라 통계적인 결과만
을 보여주기 때문에 저작권 침해와는 관계가 없다. 이 결과물은 대립되
는 두 개념을 동시에 살펴볼 때 특히 유용한데, 종종 논란의 여지가 있는
문제를 간단하게 정리해주는 역할을 한다.

한국에도 비슷한 것이 있다. 네이버가 주요 언론사들과 함께 만든 '네
이버 뉴스 라이브러리'의 검색창에 특정 단어를 입력하면 시간의 흐름
에 따라 그 단어의 사용 빈도가 변화하는 모습을 살펴볼 수 있다. 구글이
구텐베르크 이후 출간된 전 세계의 모든 책을 대상으로 했다면, 네이버
는 신문이라는 한정적인 텍스트를 대상으로 80년 정도의 데이터를 모았
다. 책 전체보다는 신문 지면이 전체적으로 양도 비슷하고 텍스트가 일
정하기 때문에 추이를 살펴볼 때 공신력은 더 있다. 신문 전체를 검토하
는 것은 개념사나 근대 문화사 등의 연구에서는 흔히 하는 방법이다. 이
전에는 주로 마이크로필름을 연구자가 전부 읽어보는 방식으로 진행했
기 때문에 여간 고통스러운 작업이 아닐 수 없었다. 네이버 뉴스 라이브
러리 덕분에 이 고된 작업은 한결 간편해졌다. 앞으로 더 많은 신문, 잡지
자료가 디지털화된다면 훨씬 더 다양한 연구들이 나올 수 있을 것이다.

검색어의 유입량을 측정하면 현재 스케일에 맞는 엔그램 검색을 구현
해볼 수도 있다. 포털은 개인 정보를 침해하지 않는 선에서 검색어 로그
의 형태로 지역과 검색어, 검색 시간 등을 기록할 수 있다. 이것이 요즘

많이 이야기되는 빅데이터다. 현재 지역별로 사람들이 어떤 관심을 가지고 있는지 확인해볼 수 있다. 이것을 1주 단위 혹은 1일 단위로 그래프로 나타낸다면, 사람들의 관심사가 어떻게 변해가는지 추이가 보인다. 너무나 직관적이라 보는 순간 이해가 된다.

검색어의 빈도 측정이 중요한 이유는 다음과 같다. 먼저 돈이 들지 않는 실시간 여론조사가 가능하다. 물론 정식 여론조사만큼의 신뢰도가 보장되는 것은 아니다. 하지만 누구나 쉽게 분위기 파악 정도는 할 수 있다. 신뢰 가능한 수준의 측정은 필요할 때 따로 진행하면 된다. 누구나 쉽게 동향을 파악할 수 있다는 것은 그 자체로 기술의 민주화이고, 사회적 공공재를 확보한다는 의미가 있다. 이렇게 파악한 여론은 정치, 마케팅, 엔터테인먼트 등 다양한 방면에서 활용할 수 있다.

다음으로 학술 연구의 기초 자료가 된다. 인문학을 연구하는 입장에서는 해당 시대의 사회상을 개괄하는 것이 중요한데 우리 시대의 현재를 가장 잘 보여주는 자료 중 하나가 바로 검색어 사용 빈도이기 때문이다. 단적으로 지난 수년간 매년 발행해온 '네이버 트렌드 연감'의 인기 검색어 통계도 이런 역할을 해왔다. 한국어 사전을 만드는 입장에서 보면 특정 어휘의 검색 빈도가 평탄하지 않고 출렁인다면, 그 어휘의 용례에 뭔가 변화가 생겼다는 신호다. 그 출렁이는 시기의 사회상을 살펴 해당 어휘의 의미를 수정해줄 수 있다. 다시 말해서 사전에 실시간성을 부여하려면 검색어 통계는 반드시 살펴봐야 하는 자료다. 검색어 통계는 사전뿐 아니라 현 사회를 읽는 현미경 역할을 할 수 있다. 현미경이라는 표현은 앞서 소개한 구글 엔그램 뷰어의 개발자들이 자신들의 결과물에 대해 쓴 비유다. 이는 검색어 로그에도 그대로 적용할 수 있다.

마지막으로 포털이 실시간 인기 검색어와 여론을 조작한다는 의혹을 근본적으로 불식시킬 수 있다. 모바일 시대가 되면서 영향력이 약해졌다고는 하지만 한국 사회의 인터넷 환경에서 포털이 차지하는 비중은 여전

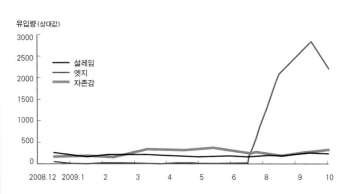

유입량 (상대값)

설레임
엣지
자존감

2009년 8, 9월에 방영된 TV 드라마 〈스타일〉을 통해 '엣지'라는 말이 유행하면서 다음 국어사전에서 이 단어를 검색하는 사람들의 숫자가 한동안 큰 폭으로 증가했다.

히 높다. 그런 상황에서 사용자들의 행동에 개입할 수 있는 실시간 인기 검색어에 대한 통제나 조작은 최소화되어야 한다(인기 검색어 통제가 아예 없는 것은 아니다. 자살이나 성범죄에 관련된 자극적인 표현들은 현재도 노출이 제한되어 있으며 이는 필요한 일이다). 이를 제어할 수 있는 가장 적절한 장치는 바로 검색어의 빈도를 확보하는 것이다. 상위 포털들의 검색어만 공정하게 모아서 확보해둔다면 언제든지 비교가 가능하기 때문이다. 가공하지 않은, 다시 말해서 의도가 개입되지 않은 원시 데이터의 확보는 그 존재만으로도 오남용을 막는 장치가 된다. 말 그대로 조사하면 다 나오는데 누가 조작을 하겠는가?

포털이 앞으로 검색어 로그를 어떻게 다뤄야 할지는 비교적 명쾌하다. 인터넷의 자유, 개방, 공유를 목표로 한 정책 도입을 위해 공적 논의와 캠페인을 전개하는 비영리 사단법인 오픈넷opennet.or.kr과 같은 제3자를 통해 포털의 검색어 목록과 시간 등의 로그를 모두 공개하는 것이다. 이런 공개 한 번으로 모든 논란을 덮을 수 있다. 검색어 로그는 몇몇 회사가 사적으로 유용하기에는 너무나 많은 정보를 담고 있다. 사람들의 지역별, 시간대별 관심사나 성향 등이 이 안에 모두 담겨 있다.

빅데이터와 관련해 가장 많이 언급되는 사례는 2012년 미국 대통령 선거에서 네이트 실버Nate Silver가 했던 데이터 기반 당선자 예측이다. 실버는 거의 모든 주의 선거 결과를 맞추었다. 그 밖에 구글 독감 트렌드도 유명한 사례다. 지역별로 사람들이 독감과 관련된 단어를 검색하는 빈도와 분포를 살펴보면 현재 독감이 어떤 식으로 퍼지고 있는지 실시간으로 알 수 있다. 이 모든 것을 가능하게 하는 것이 바로 검색어 로그다. 이런 중요한 정보가 잘 활용되지 못하고 포털의 서버에서 잠자고 있거나 사적인 이익을 위해 악용된다면 사회적으로 큰 손해가 아닐까. 이런 정보는 좀 더 큰 사회적 이익을 위해 공공에 공개하는 것이 바람직하다.

여담이지만 포털은 사용자들의 불만과 요구에 상당히 예민하다. 여러 사용자들이 원하는 내용이라면 경영진의 의사 결정에 반영될 가능성이 비교적 높다. 예를 들어 충청도 방언 지도를 만들고 싶다면 충청도 지역 학교의 교사와 교수들, 대학원생들이 여러 지점, 서로 다른 IP에서 불특정한 시간대에 관련 요청을 접수하면 된다. 3개월 안에 100개 정도의 요청이 들어온다면 반드시 만들어줄 것이다. 포털의 실무자들도 경영진에게 뭔가 보고할 것들이 필요하기 때문에 결코 싫어하지 않는다. 경영진도 그 보고를 받으면 사용자들에게 정말 필요한 것을 만든다는 생각으로 기쁘게 추진할 용의가 있다. 소비자가 이용하지 않으면 수익이 발생하지 않는 서비스이므로 권력도 소비자에게 있는 것이다. 때문에 '고객의 소리'가 매우 중요하다. 또한 그것을 이끌어낼 오피니언 리더나 지식인들의 목소리가 중요하다. 검색어 로그 외에도 아직 서비스가 안 되고 있는 사전 등 포털에 요구할 수 있는 것들은 수없이 많다. 요구하지 않는 고객에게는 그에 어울리는 수준의 서비스가 돌아간다는 것을 명심하자.

좋은 사전이 좋은 검색을 만든다

웹사전 일을 하고 4, 5년쯤 지났을 무렵, 사전 출판사에 이런 제안을 했다. 어차피 출판사에서 더 이상 사전을 만들 수 없으니 저작권을 포털에 넘기고 다른 방향의 일을 하는 것이 어떻겠느냐고. 당시 사전 출판사에서는 사전이야말로 출판의 꽃이자 자존심인데 무슨 말도 안 되는 소리를 하느냐며 내 제안을 일축해버렸다. 그러나 애석하게도 이후 포털에 저작권을 넘긴 사전들은 그나마 개정될 여지라도 갖게 되었지만, 출판사에 그대로 남아 있는 사전들의 상당수는 머잖아 화석화될 운명에 처했다.

그렇게 일찌감치 종이사전의 은퇴를 예감했지만, 지금처럼 사전이라는 것 자체가 무관심 속에 잊혀갈 것이라고는 나 역시도 생각지 못했다. 요즘엔 사람들이 사전을 정말 이용하지 않는다. 그 자체는 어쩔 수 없다 하더라도 사전만이 지닌 중요한 속성들까지 잊히는 것은 큰 문제라고 생각한다. 사전은 무엇보다도 정보의 정제다. 정보를 정제해두지 않으면 필요할 때 탐색하는 데 많은 시간과 노력을 들여야 한다. 위키백과가 인터넷 환경에서 각광받는 정보원일 수 있는 이유는 정보가 압축적으로 잘 정리되어 있기 때문이다. 하지만 위키백과를 제외하고는 이렇게 정제된 정보원이 별로 없는 실정이라 사람들은 자기 필요에 맞는 정보를 찾기 위해 검색창 앞에서 이런저런 검색어를 바꿔 넣으며 방황할 수밖에 없다.

정보의 순도를 높여야겠다고 생각하는 사람이라면 한 번쯤 사전을 들춰보기를 권한다. 사전은 인간이 정보를 압축하는 방식 중에서 가장 오래된 것이며, 긴 시간 동안 유효했던 방식이다. 그렇기 때문에 학문의 기초 도구가 될 수 있었다. 혹시라도 내 제안에 따라 사전을 들춰보는 이들이 있다면, 웹사전보다는 종이사전이 낫다고 말하고 싶다. 자극은 다른 매체를 통해 다른 방식으로 들어오는 것이 신선할 뿐 아니라, 눈과 함께 손으로 생각하기 위해서는 만지며 볼 수 있는 종이사전이 좋다고 생각한다.

조금 더 권해본다면, 당신이 속한 업계에 적당한 사전이 있는지 없는지 한 번쯤 살펴보면 좋겠다. 자기 분야에서 쌓아온 지식이나 정보를 사전 형식으로 정리해본 경험이 있는가 없는가는 그 분야에 본질적인 차이를 가져온다. 일본 서점에서 본 수많은 전문 사전들은 그 차곡차곡 쌓여 있는 모습만으로도 충분히 충격적이었다. 그런 장면을 목격

하고 나면 싸워보기도 전에 '아, 졌나……' 하는 마음이 든다. 일본의 웹사전은 아직 형편없는 수준이지만, 전통의 사전 강국답게 사전의 다양성은 물론 질적 수준도 여전히 압도적인 규모를 자랑한다. 일본 서점에서 품었던 왠지 모르게 '분한' 마음이 내가 지금까지 사전을 만드는 데 큰 원동력이 되어주었다.

엄밀히 말한다면 나는 인터넷 회사에서 검색 서비스를 만들고, 개선해나가는 엔지니어에 불과하다. 그런 내가 스스로에게 굳이 사전 편찬자라는 정체성을 부여하는 건 사전이라는 책의 역사성을 존중하기 때문이다. 사전의 오랜 역사, 그리고 지금도 부정할 수 없는 그 사회적 역할과 의미를 외면한 채 검색 서비스만 개선한다면 중요한 무엇인가가 빠진 결과물이 나올 것이다. 검색이 좋아지기 위해서라도 사전이 좋아져야 하며, 그 둘은 본질적으로 다르지 않다는 말을 하고 싶었다. 나는 정말 좋은 사전을 갖고 싶다.

1장

야나기 무네요시, 이목 옮김, 『수집 이야기』, 산처럼, 2008.

조지 오웰, 이한중 옮김, 『나는 왜 쓰는가』, 한겨레출판, 2010.

2장

강범모, 『언어, 컴퓨터, 코퍼스 언어학』, 고려대학교출판부, 2011.

노무라 마사아키, 송영빈 옮김, 『한자의 미래』, 커뮤니케이션북스, 2007.

다케다 마사야, 서은숙 옮김, 『창힐의 향연』, 이산, 2004.

드니 디드로, 이충훈 옮김, 『백과사전』, 도서출판b, 2014.

마들렌 피노, 이은주 옮김, 『백과전서』, 한길사, 1999.

미우라 시온, 권남희 옮김, 『배를 엮다』, 은행나무, 2013.

박일환, 『미친 국어사전』, 뿌리와이파리, 2015.

사이먼 윈체스터, 이종인 옮김, 『영어의 탄생』, 책과함께, 2005.

시라카와 시즈카, 심경호 옮김, 『한자 백 가지 이야기』, 황소자리, 2005.

에레즈 에이든·장바티스트 미셸, 김재중 옮김, 『빅데이터 인문학: 진격의 서막』, 사계절, 2015.

오스미 가즈오, 임경택 옮김, 『사전, 시대를 엮다』, 사계절, 2014.

이재호, 『영한사전 비판』, 궁리, 2005.

장경식, 『브리태니커 백과사전』, 커뮤니케이션북스, 2013.

제니퍼 졸린 앤더슨, 김규태 옮김, 『위키피디아』, 과학동아북스, 2012.

최경봉, 『우리말의 탄생』, 책과함께, 2005.

홍종선, 『국어사전학 개론』, 제이앤씨, 2009.

3장

로베스 솔레, 이상빈 옮김, 『나폴레옹 이집트 원정기: 백과전서의 여행』, 아테네, 2013.

사이먼 윈체스터, 공경희 옮김, 『교수와 광인』, 세종서적, 2000.

서유구, 정명현·정정기·민철기·전종욱 옮김, 『임원경제지』, 씨앗을뿌리는사람, 2012.

심경호·유봉학·염정섭·옥영정, 『풍석 서유구와 임원경제지』, 소와당, 2011.

정재환, 『한글의 시대를 열다』, 경인문화사, 2013.

한글학회, 장영철 그림, 『건재 정인승』, 어문각, 2009.

4장

김경석, 『컴퓨터 속의 한글 이야기』, 영진출판사, 1995.

김진우, 『언어』, 탑출판사, 2007.

니콜 하워드, 송대범 옮김, 『책, 문명과 지식의 진화사』, 플래닛미디어, 2007.

5장

가토 슈이치·마루야마 마사오, 임성모 옮김, 『번역과 일본의 근대』, 이산, 2000.

게오르그 빌헬름 프리드리히 헤겔, 에르빈 메츠케 엮음, 이신철 옮김, 『헤겔의 서문들』, 도서출판b, 2013.

박영준, 『영어 공용화 국가의 말과 삶』, 한국문화사, 2004.

야나부 아키라, 김옥희 옮김, 『번역어의 성립』, 마음산책, 2011.

유신, 『인공 지능은 뇌를 닮아 가는가』, 컬처룩, 2014.

검색, 사전을 삼키다

2016년 5월 27일 1판 1쇄
2016년 12월 20일 1판 2쇄

지은이   정철

편집   이진·이창연
디자인   홍경민
제작   박흥기
마케팅   이병규·양현범·박은희

인쇄   천일문화사
제책   정문바인텍

펴낸이   강맑실
펴낸곳   (주)사계절출판사
등록   제406-2003-034호
주소   (우)10881 경기도 파주시 회동길 252
전화   031)955-8588, 8558
전송   마케팅부 031)955-8595 편집부 031)955-8596
홈페이지 www.sakyejul.co.kr   **전자우편** skj@sakyejul.co.kr
블로그   skjmail.blog.me
페이스북 facebook.com/sakyejul
트위터   twitter.com/sakyejul

ISBN 978-89-5828-991-3 03300

이 도서의 국립중앙도서관 출판예정도서목록(CIP)은 서지정보유통지원시스템 홈페이지(http://seoji.nl.go.kr)와
국가자료공동목록시스템(http://www.nl.go.kr/kolisnet)에서 이용하실 수 있습니다. (CIP제어번호: CIP2016012271)